南極のスコット　雑記

中田　修

ドルフィンプレスぬまづ
羽衣出版

虹色の雲と冬営中のディスカヴァリー号
ロス島のハット・ポイント半島
エドワード・ウィルソンの水彩画
ロバート・スコット著『ディスカヴァリー号の航海』第一巻

まえがき

以前私は『南極のスコット』という本を書き（清水書院、一九九八年）、スコットの南極探検を概観しましたが、ほかにスコットあるいは極地探検について折々に書いたものをここに集めました。それが本書の第一部です。ばらばらのものを集めたので内容に重複や不統一があることをお断わりしておかねばなりません。

本書の第二部では、『本多勝一集 28 アムンセンとスコット』（朝日新聞社、一九九九年）に見られる、スコット（隊）についての論評で、私には誤りと思われる部分の主なものを点検した経過を書きました。

ロバート・F・スコット
ハーバート・ポンティング撮影
『スコットの最後の探検』原著第一巻

目次

まえがき……III

第一部　南極のスコット　雑記

一　ディスカヴァリー号の解放……9
二　南極探検日記……27
三　一八キロか二〇キロか……57
四　アムンセン、イギリス隊に犬提供の話……66
五　南極でスコット隊の隊員に会った日本人……72
六　スコットの像に引き付けられた日本人……81
七　スコットの船ディスカヴァリー号見学……87
八　極地探検　愛国的冒険者たちの名声と悲劇……95
九　カーワンの極地探検史……107

一〇　極地探検記の翻訳……110
一一　中田著『南極のスコット』について……130

第二部　スコット（隊）批判の点検

一　科学は言いわけ……137
二　科学調査とアムンセン……148
三　命令には従うが親しさはない……152
四　創意工夫がない……160
五　階級差別……167
六　記念ケルンの文言……171
七　エヴァンズの死の扱い……175
八　エヴァンズの恨み……187
九　水兵（普通隊員）は使役動物扱い……191
一〇　自虐的……195
一一　馬の酷使……198

一二　遺書の謎……203
一三　スコットの日記の虚偽……209
一四　チェリー‐ギャラードのスコット評の矛盾……212
文献……223
巻末地図……231
あとがき……238
索引

図版目次

のこぎり作業……10
ディスカヴァリー号の越冬したマクマード海峡……12
三発同時の氷の爆破……15
ディスカヴァリー号の解放　三船合流……17

気流調査の気球を揚げる……29
スコット第二次探検隊の基地の小屋（冬営宿舎）……32
スコット第二次探検隊の小屋内の様子……33
スコット第二次探検隊の小屋平面図……34
スコットの日記の最終ページ……40
最終ページの文言の訳……41
最後の安息　スコット、ウィルソン、バワーズの墓……44
ピーター・スコット卿からの礼状……49
シャツクルトン隊　南進旅行到達最南点で……62
アーネスト・H・シャックルトン……62
南磁極に到達したシャックルトン隊の北部隊……63
シャックルトン隊の隊員エジワス・デーヴィド教授の旧居に住む
同教授の次女メアリー・デーヴィド……65
鯨湾のアムンセン隊の船フラム号……70
チャールズ・S・ライト卿と吉田栄夫博士……73

スコット隊記念十字架の碑銘を読むライト卿……74
オブザヴェーション・ヒル頂上からマクマードー海峡を展望……76
オブザヴェーション・ヒル……77
スコット隊極点班のための記念十字架……78
記念十字架の文言の訳……79
ロンドンのスコット大佐の像……82
テムズ河のディスカヴァリー号……88
ディスカヴァリー号縦断面図……91
ディスカヴァリー号の船内……92
流氷の中のディスカヴァリー号……93
流氷の中のテラ・ノヴァ号……94
クックとピアリーの北極点到達の絵はがき……97
ローアル・アムンセン……97
フリチョフ・ナンセン……97
クックとピアリーの北極点到達経路……98

スコットとアムンセンの南極点到達経路……101
大アイス・バリア末端部の氷壁……103
南極点でのスコット隊……105
乾パンを荷箱に詰めるアムンセン隊のヨハンセン……117
南極80度5分の白瀬南極探検隊……144
基地の研究室のシンプソン博士……145
煙を吐く火山エレバス山……147
南極点に初到達したアムンセン隊……150
「世界最悪の旅」に出発するスコット隊の三人……155
エンペラーペンギン、バリアおよび海氷……158
シャックルトン隊の動力車（motor car）……162
スコット隊の雪上車（motor sledge）……162
荷を積んだそりを引いて進むスコット隊の雪上車……165
エヴァンズの死についてのスコットの日記原文……179
ダグラス・モーソン……184

第一次探検のハット・ポイントの小屋……197
南極点旅行の野営地で休むポニー……200
極点旅行班のそり引き旅行食（規定食）……202
スコットの支援者クレメンツ・マーカム……204
スコット夫人と子息ピーター・スコット……207
そりを引いて進むスコット隊の極点班……216
A・チェリー＝ギャラードの筆跡……220
A・チェリー＝ギャラード著『世界最悪の旅』原著初版本の公立図書館の閲覧記録……221
地図A　スコット第一次南極探検出発前の南極地域……231
地図B　スコット第一次南極探検行動域……233
地図C　ロス島と西部地域……234
地図D　マクマードー海峡地域……235
地図E　スコット第二次探検　極点旅行ルート……236
地図F　スコット極点旅行ルート　ビアドモア氷河の区間……237

第一部　南極のスコット　雑記

第一部　一　ディスカヴァリー号の解放

スコットは第一次南極探検（一九〇一～四年）で、用船ディスカヴァリー号をロス島のハット・ポイント（本書巻末地図Ｄ参照）にとどめ、船を宿舎として越冬した。ところが帰国予定の時期になった時、船のいるマクマードー海峡にまだ広大な氷が張り詰めていて、船は動けず、やむなくもう一度越冬した。しかし今度もまた、船は動けなかった。大型の三脚で吊るしたのこぎりで氷を切り開いて、船のための水路をつくる試みをしたり、爆薬で爆破して氷に亀裂をつくって、時々うねりで起こる解氷《かいひょう》の助けにしたりして、徐々に開水面《かいすいめん》が近付いてきたが、それだけでは到底冬の到来の前に脱出できそうになく、いよいよ迎えの救援船のもたらした本国からの命令に従って、ディスカヴァリー号を放棄して救援船で帰国しなければならなくなりそう

のこぎり作業
スコット著『ディスカヴァリー号の航海』原著第二巻

になった。ところが解氷の可能性のなくなる時期ぎりぎりになって、驚異的な解氷が起こり、ディスカヴァリー号は解放され、探検隊は無事に帰国できた。このようなことが、スコットの著書『ディスカヴァリー号の航海』(原著)に書かれている。

しかし近年、驚異的な解氷が起こってディスカヴァリー号が脱出できた、というのはスコットの作り話であるという主張が現われた。それによると、実際には船の解放は、救援に来た二船、モーニング号とテラ・ノヴァ号による、約三〇キロメートルにわたる氷の爆破によるものだった。そういう事実がこれまで公表されなかった当時の写真によって明らかになった。ところがスコットは救援の二船と二人の船長、ウィリアム・コルベクおよびハリー・マカイの功績（特にコルベクの功績）を全く無視し、記述していない。それはイギリス海軍が商船に救われるという不名誉を認めたくなかったからだ、というのである。そういう趣旨の記事がオークランドの『ザ・ニュージーランド・ヘラルド』という新聞に出たことを私は『極地』誌で知った。（日本極地研究振興会『極地』二〇〇一年八月第三七巻第二号）

スコットの第二次南極探検の日記を翻訳したり、『南極のスコット』という本を書いたりしている私には、スコットが著書に作り話を書いている、ということは信じられないことだった。現場にはほかに大勢の人がいたのである。そういう状況の中の出来事を、スコットであれ、他の誰であれ、事実と全く違うふうに書いて公表するだろうか、と私は不審に思った。ともあれ、これは気にかかることで、私なりに事実を確かめてみたい問題だった。

その後、その新聞記事を『極地』誌で紹介された楠宏博士の助言を得て、元の記事のコピーを入手できた。「古い写真ヒーローの正体をあばく」という表題のこの記事は、二人の筆者（グレッグ・ウィチャリーおよびルイーズ・ジュアリー）の執筆によるもので、その内容の要点は楠博士の紹介のとおりであるが、主張の要点を私なりに繰り返すと、スコットが、海軍士官であ

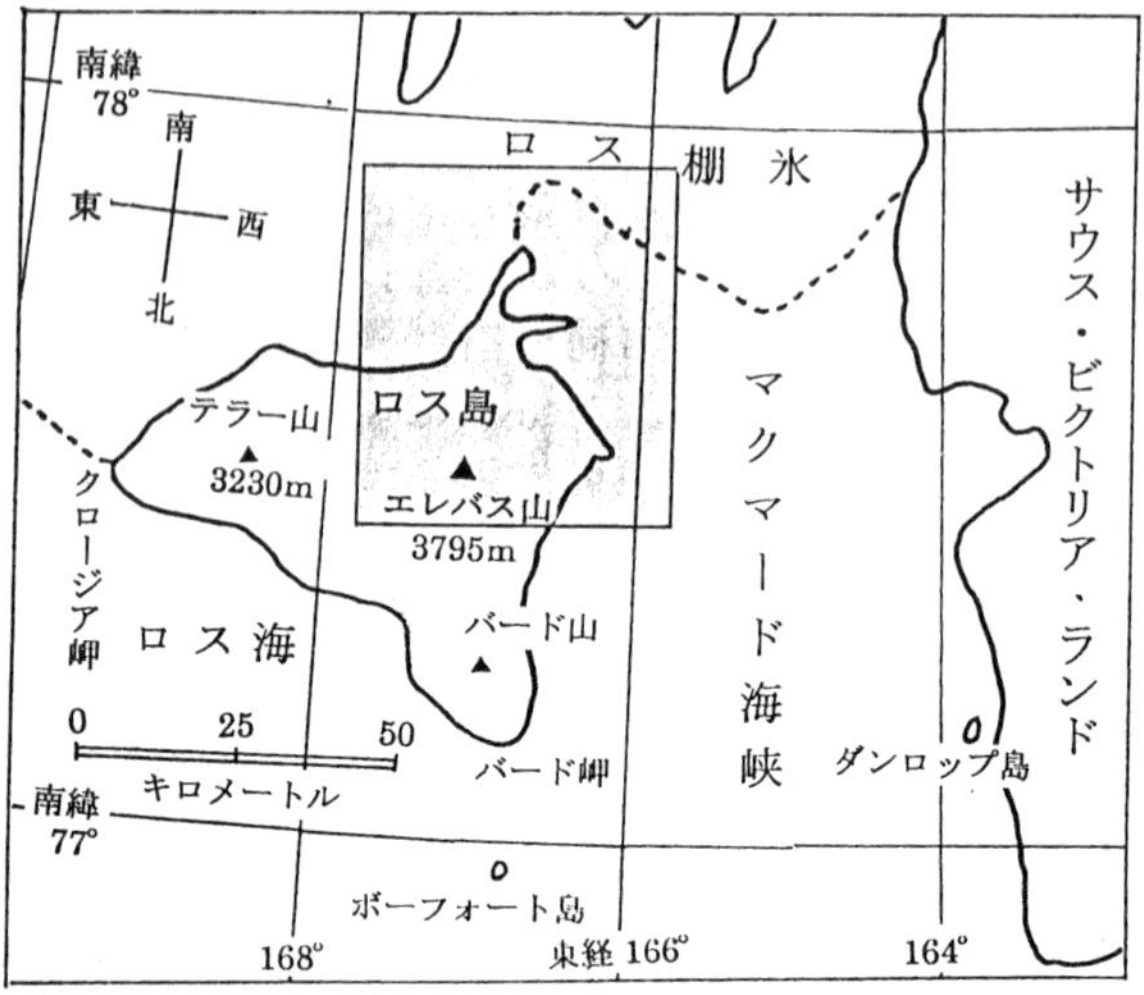

ディスカヴァリー号の越冬したマクマード海峡
吉田栄夫博士制作・提供

る自分が、海軍よりも劣等な商船の船長に助けられたという不名誉を隠し、ヒーローとしての自分の名声を保つためにうそを書いた。そして真のヒーローたちを忘却に追いやった、というのである。

実情を確かめる手順として、私は先ず、『ザ・ニュージーランド・ヘラルド』が作り話だというスコットの記述を見てみた。スコットの著書『ディスカヴァリー号の航海』(原著)の中の、主として日記からの引用によってなされているこの出来事の経緯の詳しい記述である。それを日を

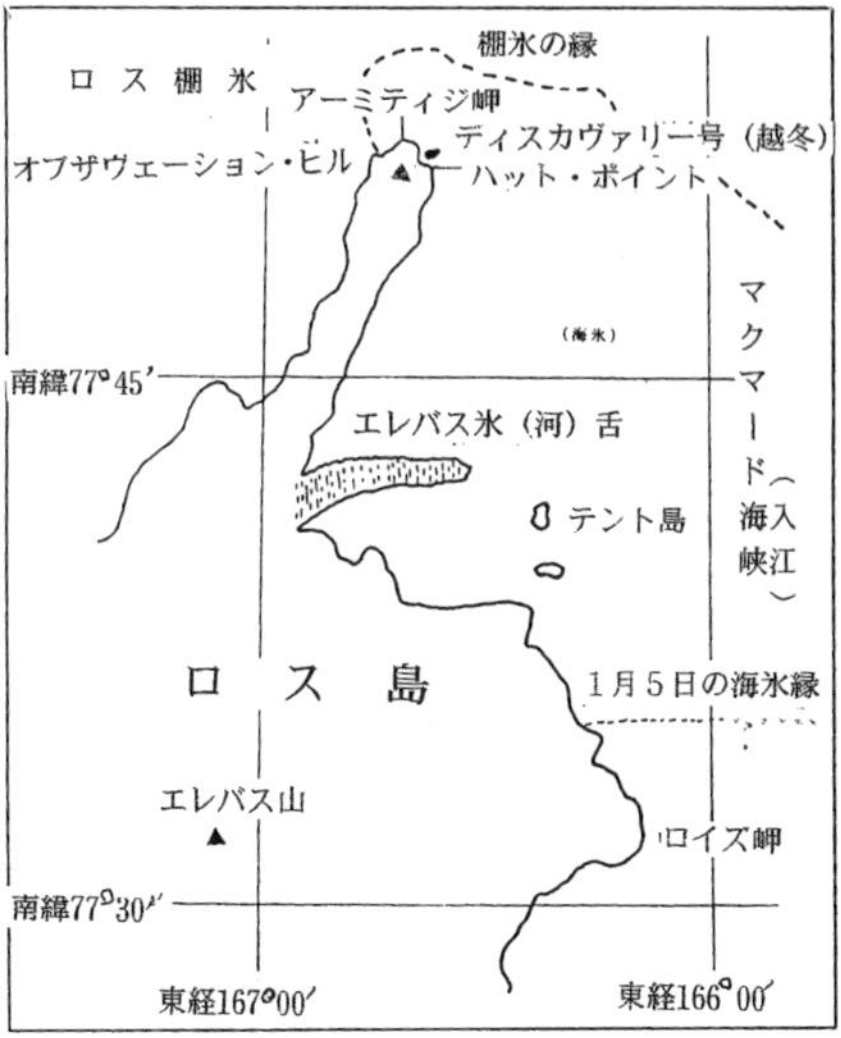

追ってたどりながら摘記したところ次のようになった。（原著第一九章）

一九〇四年一月五日、救援の二船が、基地から約二〇マイル（地理マイルとして三七キロメートル）北まで張り出した氷の縁に到着した。

一月七日、氷縁《ひょうえん》に変化なし。救援船モーニング号のコルベク船長に、スコット隊がすでに実施していたのこぎり作業をモーニング号の船員に体験させるよう指示した。救援船テラ・ノヴァ号のマカイ船長はテラ・ノヴァ号が強力な機関を持っているから全力で氷に激突してみようと言った。何であれ試みるのがよいとスコットは思った。

一月一三日、氷に変化なし。

一月一五日、ロイズ（スコット隊隊員、海軍大尉）に氷縁へ行って爆破を試みるよう指示した。ただ、本格的にでなく、試験的に。二〇マイルにわたって使えるほど爆薬はないので、あとで必要な時に使えるよう残すようにする。

一月一八日、氷がいくつか大きく割れて流出した。救援船はゆっくりながら継続的に近付いてきた。いままでで四～五マイル（七・四～九・二キロメートル）近付いたようだ。知らせによると、テラ・ノヴァ号の激突は効果がなかったようだ。

一月二七日、氷、流出を続けているとの知らせ。しかしゆっくりである。

一月二八日、ディスカヴァリー号がきしるのを感じた。ハット・ポイントでは長いうねりで氷原がわずかに波動していた。陸地の縁で一八インチ（四五センチ）上下していた。有望なしるし。ディスカヴァリー号が一、二インチ動いた。

一月二九日、ディスカヴァリー号、大いにきしった。

一月三〇日、氷河（エレバス氷河舌《ひょうがぜつ》を指すようである。本書一三ページ地図参照）のこちら側ま

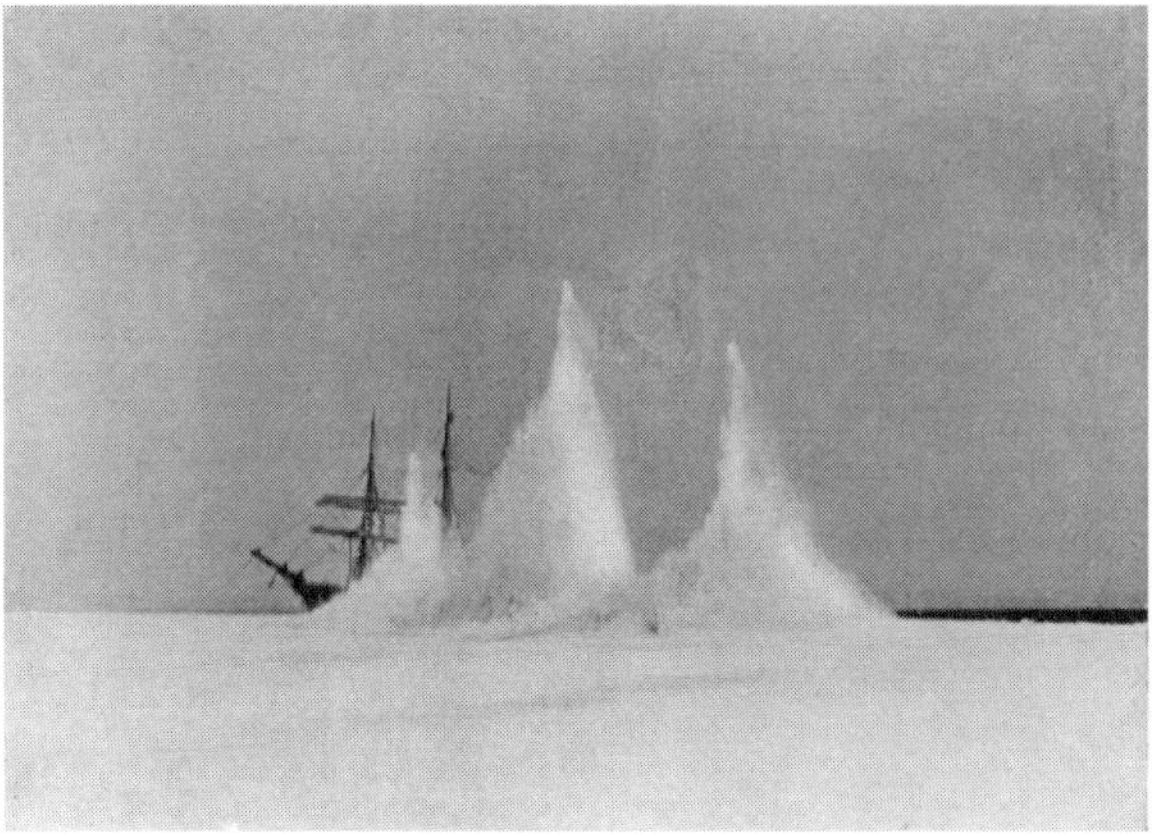

三発同時の氷の爆破
スコット著『ディスカヴァリー号の航海』原著第二巻

で氷流出。救援船まであと八マイル余り。氷は大面積で急速に割れていった。初めの氷縁までの中間点にあったのこぎり作業場を乗せたまま大氷盤《ひょうばん》（分離した大面積の平らな浮氷）が流出した。のこぎり作業はわずかな効果しかなかった。それまでの五日で氷六マイル流出。流出はすべてうねりによる。

二月一日、うねりは止み、氷は静まった、ただ海峡の北部は無氷で、うねりがあれば海峡の内部まで入りやすいことが希望を持たせる。

二月三日、ここ数日、解氷に進展がない。

二月四日、救援船は氷河より一・五マイル内側まで来ている。ここ三日そのままだった。

二月五日、爆破を始めることにした。氷原にできている割れ目を考慮して、爆破箇所をいくつか選定し同時に爆破してみた。そうして流出させた範囲は小さく、爆薬の消費は大きかったが、組織的に継続する価値ありと考えて、ディスカヴァリー号から爆破班を呼び寄せ、救援船の隊員に爆薬を仕掛けるための穴を掘ってもらった。爆破の効果はすべてうねりにかかっている。うねりがなければ爆破は無力であり、逆にうねりがあれば、爆破は助けになる。

二月六日、爆破を大々的に実施。隊員たちが精力的に働いた。爆破でできた割れ目がゆっくり広がり、一、二時間すると大きくはないが氷が流れ去る。こうして今日三分ノ一マイル進んだ。

二月七日、氷が幅三分ノ一ないし四分ノ三マイルの大氷盤に割れて離れた。救援船の隊員たち、穴掘りに奮闘。

二月八日、爆破主任のバーン（スコット隊隊員、海軍中尉）が雪目になったので、テラ・ノヴァ号（モーニング号の誤記）のエヴァンズ（海軍士官）が交替した。成果少なし。

二月九日、爆破続行。成果少なし。爆破作業の体勢が整ったので、コルベク船長に監督を委ね、スコットはディスカヴァリー号へ帰った。残りの距離六マイル。期間に制限がなければ心配はないのだが、いまや日に日に気温が下がり、いつ再凍結が始まってもおかしくない。前途

ディスカヴァリー号の解放　三船合流
スコット著『ディスカヴァリー号の航海』原著第二巻
背後の丘はオブザヴェーション・ヒル（43 ページ参照）

は明るくない。

二月一〇日、ディスカヴァリー号を放棄する手配をした。隊員を救援船へ割り振るなど。

二月一一日、氷が急速に割れているとの知らせ。穴掘りに救援の人員増派の要請があり、ロイズ（前出）を長として一〇人派遣。

二月一二日、モーニング号があと三・五マイル余りまで近付いた。爆破作業精力的に続行中。午後モーニング号へ行った。大きなうねりがあったそうだが、いまは急速に弱まってきた。今日は爆破の効果少なし。

二月一四日、夕食の途中から大変化が始まった。救援船が近付いてきたとの知らせがあり、全員ハット・ポイントへ走った。氷は海峡をずっと横切って解氷していった。それは想像を絶する速さだった。救援船は流出する氷盤と闘いながら近付いてきた。一〇時三〇分ごろにはあと半マイル足らずになり、一一時には厚い氷は全部流出してついに救援船が到着し、一同狂喜した。

二月一四日のスコットの日記から引用しよう。

「氷は海峡を真っ直ぐ向こうへと割れていった。その速さは思いも及ばないほどだった。大氷盤がひとつ流れ出したと思うと直ぐに、残る一枚岩の氷の中へ黒い線がひとすじ走り、そうして次の大氷盤が分離して、北西へ足早に去ってゆく幅広い流氷の帯に加わるのだった。

私はこれほど印象深い光景を目撃したことはない。太陽はわれわれの背後の低いところにあり、眼前のいちめんの氷の表面は強烈に白く、対照的に遠くの海と開水路はほとんど真っ黒に見えた。風はすっかり落ち、あたりの静けさを破る物音もなかった。

それでも、この平穏な静けさの只中に、目に見えぬ恐るべき力が働いて、いちめんの大氷原を薄紙でしかないかのように引き裂いていった。われわれは、われわれの牢獄の鉄柵の本質はすでに十分に知っていた。何マイルにもわたる荒涼としたこの雪原上を何度となくてくてく歩いて、われわれを閉じ込めている一大障害物のあなどり難い強さを悟らされていた。どれほど頑丈な戦艦でも、それに立ち向かっては何のなすところもなく自らが粉砕されてしまうだろうと思われた。百万トン級の氷山がその縁のところで動きを止められたのをわれわれは目にしていた。これまで何週間もわれわれはその強大な障害物と戦ってきた。……ところがいま、われわれが声ひとつ立てず、何の努力もしないのに、それはすべて消え去りつつあるのだった。一、二時間もすればそれは跡形もなくなって、無氷の海がハット・ポイントの黒々とした岩に打ち寄せているだろうとわれわれは思った。」

スコットの記述はあらましこのようであるが、このとき現場に居合わせた人々の中に状況を記録した人がいなかったか、と私は考えた。『ザ・ニュージーランド・ヘラルド』の記事のいうように、解氷についてスコットが作り話を書いているとすれば、その人たちの記述と比べてみることによって事実が明らかになるはずである。探してみると四人の記録が見つかった。アルバート・アーミテジ（スコット隊副隊長、海軍予備隊大尉）、エドワード・ウィルソン（スコット隊次席医師、鳥類学者）、チャールズ・ロイズ（前出）、ジェラルド・ドゥアリー（救援船モーニング号乗組員、海軍予備隊士官）の四人である。四人のうち一人、スコット隊隊員ではないドゥアリーの記録を選んで、そのあらましを見てみよう。ドゥアリー著『モーニング号の航海』原著。

一月四日、マクマードー海峡へ入った。

一月五日、ハット・ポイントまで約一八マイルの氷原に遮られた。見込み絶望的。氷の厚さ七フィート（二・一メートル）。

一週間後、氷の爆破が始められた。割れ目ができた。そこが割れて氷が離れるには海のうねりが必要だった。

一月三一日、一月中ずっと、爆破と時々来るうねりで氷が流出し、ディスカヴァリー号まであと八マイルとなった。ディスカヴァリー号でうねりが感じられ、船体が動き始めた、との知らせあり。しかし季節が進んでいるので残りの八マイルは大きな距離だ。

二月三日、距離六マイルとなった。しかし季節が急速に進んでいて、いつ再結氷が始まるかもしれない状況だ。ディスカヴァリー号の人たちは船を放棄しなければならないかと思って気分が重いようだ。

二月五日、爆破作業を大規模に実施。氷の厚さ五〜六フィート。氷が堅くて穴掘りは困難。穴は一マイルにわたってできた。

二月一一日、モーニング号に二月二七日に去るよう指令が出た。再結氷が始まると馬力の弱いモーニング号は閉じ込められる危険があるため。テラ・ノヴァ号は三月の二週目になるまで残る。それまでにディスカヴァリー号が解放されなければ放棄して帰国することに決まった。その指令は死刑執行令状のように感じられた。なんとか自然の助けがきてくれないか。自然の力の助けがなければわれわれは何もできないのだった。

ところがまさにその日の午後、変化が現われた。ありがたい長いうねりが海峡へ入ってきた。大急ぎで爆破を続行し、爆破の度に大氷盤が流出していった。ぞくぞくするような思いがした。午後六時、自分がコルベク船長の手紙を持ってスコット隊長のところへ行った。爆破作業援助の要員を増派してほしい、というのだ。隊長は即座にロイズを班長とする一班を送り出した。その班は夜を撤して作業を続けた。

夜一二時、あと三マイルもないところまで救援船が近付いた。翌日モーニング号へ帰ると、うねりはほとんど止まっていた。しかし穴掘り班は次のうねりを期待して懸命に作業を続けた。

それまでの解氷に一同高揚していた。しかし爆破の効果はうねりにかかっていた。うねりのあるあいだは見込みが大きかったが、うねりが止まると様子は一変するのだった。初めの一八マイルに比べると今の二マイルは何程でもないはずだった。しかし季節の終わりの時期ではその二マイルは恐ろしく遠かった。次の二日でたった四分ノ一マイルしか進まなかった。気温が下がればたちまち海峡が再結氷するはずだった。もうそういう時期になっていた。自然の助けがなければ望みはなかった。

二月一四日、穴掘り班は悪天候の中で一日じゅう作業を続け、いくつか大氷盤が流出した。午後五時三〇分。突然、驚くべきことが起こった。氷原全体が目の届く限りどの方向も一度に破壊されていったのだ。その急激さは薄気味悪いほどだった。大わらわで氷上の作業員たちを呼び戻して船に収容した。氷が小さく砕けて急速に流出するので、これは困難な仕事だった。辛うじて作業員たちを船上へ引き上げることができたが、爆薬や用具は多くを失った。

午後六時、二船は流出する氷盤と闘いながら、少しずつディスカヴァリー号に近付いてきた。一同の興奮は強烈だった。ディスカヴァリー号の人たちはハット・ポイントに集まり、二船の近付くのを見守った。今やあと半マイルだった。

午後一〇時、ハット・ポイントの先の開水面まであとたった一〇〇ヤード（九〇メートル）になった。二船が続いてハット・ポイントの前を通過すると大歓声があがり、船でも大歓声でそれに答えた。

驚くべき幸運を振り返ってみればみるほど、どの時点においても、いかに自然の力が決め手であったかを強く悟らされる。爆薬はたしかに大いに助けになった。しかし強力な要因は自然の力だった。

以上がドゥアリーの記述のあらましである。それはスコットの記述と大きく違うところはない。そして他の三人の記述も大筋で同じである。ディスカヴァリー号解放の要因は自然の力であるという点で一致し、その助けとなった爆破に救援船が貢献したことはスコットも書いており、無視してはいない。解放はひとえに氷の爆破のおかげで、それはコルベク船長の功績だった、とはどの記録にも書かれていない。『ザ・ニュージーランド・ヘラルド』の記事の主張は現場にいた人たちの記述とは異なっている。どのような写真をもって証拠とするのかわからないが、証拠ならば現場に居合わせた人たちの記録にまさるものはないのではなかろうか。

ところで、いまひとつ、これも楠博士の提供された情報であるが、『ザ・ニュージーランド・ヘラルド』の主張と同じ主張をした本がある。ドン・オールドリジ著『スコット隊長の救出』というその本は、ジャケット（カバー）の内側の紹介文によると、ディスカヴァリー号の経験不足のリーダー（スコット）が、二人の超一流の経験を有する有能な船長、マカイとコルベクを忘却に追いやって、代わりに自分が国民的英雄になりすました状況を語ったもの、とのことである。『ザ・ニュージーランド・ヘラルド』の記事がコルベク船長に主眼があるのに対して、こちらはマカイ船長に主眼があるようである，この本には五〇葉の写真が載っていて、ほとんどはスコットの著書にはないものであり、『ザ・ニュージーランド・ヘラルド』のいう写真も含まれているのではないかと思われるが、私には著者の主張を証明するようなものは見当らないように思われる。

この本はマイケル・ロソーヴェ編著の南極書誌に載っていて、それには、この本の著者は狂信的反スコットで、スコットの著書『ディスカヴァリー号の航海』をベストセラーの伝奇小説（romantic fiction）だとも言っていて、そんなことを言われると、人は警戒心を抱くに違いない、というような短評が書かれている。またニュジーランド南極協会（New Zealand Antarctic

Society）の機関誌『Antarctic』に出たこの本の書評（これも楠博士の提供、『極地』二〇〇〇年・第一八巻第一号）には、この本はたくさんの引用で学術的な著述をよそおっているが、それらの引用を原典と照合してみると、大半は不正確だったり、自分の主張に都合よく故意に書き変えたといってよいものも多く、また事実関係の記述でも、見え透いた虚偽を書いていて、信用する気になれない本だ、というように書かれている。この書評の筆者はジューディ・スケルトンという人で、スコットのディスカヴァリー号探検で機関長をしたレジナルド・スケルトンの孫とのことで、この書評執筆当時、祖父の残した記録をスコット極地研究所で調査中だった。そして祖父の残した記録の一部も右の本に引用されていて、その引用が著者の主張に都合よく書き変えられていることを指摘している。そして誰でも容易に確かめられない、公刊されていない記録からの引用は特に慎重で正確でなければならないのに、それを改変して引用しているのは許し難いことである、と言っている。

スコットについてこのような根拠のない主張がなぜなされたのだろうか。それには右のドン・オールドリジの本について評者ジューディ・スケルトンの言っていることが参考になりそうである。それは、この本の著者は、世に知られない英雄マカイ船長とその船テラ・ノヴァ号の物語によって、（両者にゆかりの深い）ダンディーの人々を喜ばせる意図でこの本を書いたのに違いない、というのである。

ディスカヴァリー号の氷からの解放について、以上のようにその実情を確かめることができた。それができたのは楠宏博士の助言と提供された情報があったからである。また吉田栄夫博士は本稿が『極地』誌に掲載される際に理解の助けになる地図を描いて加えてくださった（本書一二、一三ページ）。両博士に厚く御礼申し上げる。（公益財団法人日本極地研究振興会『極地』第四六巻第一号・平成二二年・二〇一〇年三月）

第一部　二　南極探検日記

南極探検をしたスコットの名は、日本でも新聞などで出合うことの稀でない名である。つい先頃には（一九八七年八月時点）、アメリカのロサンジェルス・マーク・テイバー・フォーラム劇団による、テッド・タリー作『テラ・ノヴァ――二番目の男スコットの悲劇――』の来日公演が新聞に報じられていた。

目的の南極点からの帰途、同行の隊員四人全員とともに悲劇的な最期を遂げた二度目の南極探検（一九一〇〜一二年）で、スコットは日々の状況を日記に記録していた。そしてスコットの死の翌年（一九一三年）に刊行されたこの探検の報告書『スコットの最後の探検』二巻のうち、第一巻がその日記に当てられている。それはスコットが生還しなかったため、スコットによる報告書の代わりとして、編集して出版されたものと思われる。極点旅行の部分は、たまたま捜索隊によって雪の中から遺体とともに発見されて残ったものである。このたび私がその日記の全訳を試み、それが『スコット南極探検日誌』として出版されたのを機に、本誌（丸善『學鐙』）

からスコットの人間的側面について書くようにとのお誘いがあり、喜んでお引き受けした次第であるが、たしかにこの日記は、書き手の人間を色濃く反映しているようである。それをたどって以下に人間スコットの姿を記してみたい。

一九一〇年一一月、ニュージーランドでの最終準備の模様に始まるこの日記を読み出して直ちに感じるのは、その丹念、克明な記述ぶりである。それによって読者は、スコットを中心としたこの探検隊の日々の生活、活動のありさまをつぶさに知ることができる。そして単に知るだけでなく、読者はたとえば大時化《しけ》の中で船を守ろうとする不眠の奮闘（第一章）を、あたかもそこに居合わせたかのように眼前に見る思いをする。書き手が尋常でない描写力、表現力の持ち主であったことがわかる。第二章の流氷の中の記録をとっても、変化して止まない南極の流氷を鮮明に伝えて、この章はまさしく一篇の流氷文学とも言えるものになっている。また、クレバスへ落ちた犬の救出（第六章）や、冬至祭の祝宴（第一一章）などのように印象深いエピソードとなって読者の脳裏に残る場面も数々ある。

日記の中で早々と気付かされるスコットのいまひとつの特質は、科学に対する関心の強さである。科学関係の記述が至る所にあって、スコットが南極点初到達とともに、南極の科学的調

気流調査の気球を揚げる
ポンティング撮影
『スコットの最後の探検』原著第一巻

査を一つの目的としていたことがはっきりと納得されるのである。この関心は第一次探検のときの経験によって養われたものであった。流氷や氷山、陸地の雪氷の状態や気象現象の観察と考察、潮汐の調査、測地などは、航海家、極地探検家として当然であるとしても、すぐれた気象学者であるジョージ・シンプソンによる気球を揚げての大気の調査を含む気象観測に始まり、若手の意欲的な科学者たちによる海洋生物、化石、地質、地磁気、重力、電気、放射能、オーロラ、寄生虫など、隊の科学調査の対象は広範囲にわたっている。そしてスコットはそれらの観測・調査の状況についてその時々に聞き知ったことを書き留めたり、進んで専門家から教わったり、討論したり、また自分でも文献を調べて摘記したり（基地には多数の図書が備えられていた）、観察や考察を重ねたりしていて、旺盛な知識欲を示している。冬営中は講座を開き、ウィルソンの「南極の空を飛ぶ鳥」（第九章）を皮切りに専門家が順次講義をしていて、スコットはそれらのほとんどについて内容を興味深く日記に記録している。ちなみに、講義のテーマは科学関係以外の場合もあって、中に写真家ポンティングによる、幻灯を映写しながらの日本紀行の話もある（第一〇章）。

スコット隊が広い分野にわたって南極の科学調査をしたことを、国立極地研究所の藤井理行博士は「南極ではじめての本格的な科学調査といえよう」と評しておられるが（本書五二ページ参照）、まるでスコットは今日の科学調査を見越していた感がある。また、南極で初めて雪上車（本書一六二ページに写真）を試みて、それが「極地の運送に大変革をもたらし得る」と信じていたことなどから（一九一一年一〇月二四日の日記。本書一六三ページ参照）、南極の未来に対して展望を持ち、それに基づいて行動していた様子がうかがわれ、広い視野を持つと同時に先見の明のある人でもあったと考えられる。

日記に見るスコットは感情の動きの大きい人だったようである。愉快、不愉快、心配、安堵、いらだち、腹立ち、落胆、悲嘆、喜び、希望、などを表わす言葉が頻出し、一喜一憂といっても過言でないほど感情が揺れ動く。殊に、不運な状況や事故が起こるたびにスコットは落胆と不運をかこつ言葉を書かないではいられない。また隊員の熱意、働きぶりに対する満足、感謝、称賛は折あるごとに書いているが、一方で不満も書いているのが印象的である。貯蔵所設置旅行の初めに足をくじいて脱落したアトキンソンについてや（第五章）、極点旅行の途次、疲れを見せた支援班に対するもの（第一七章）、その他ところどころに見られる。

この日記を読むとき、読者が抵抗を感じるかも知れないのは、自己満足ふうの記述が多いこ

スコット第二次探検隊の基地の小屋（冬営宿舎）
エヴァンズ岬
『スコットの最後の探検』原著第一巻

チェリー - ギャラード　バワーズ　オーツ　ミアズ　アトキンソン

スコット第二次探検隊の小屋（宿舎）内の様子
スコット著『スコットの最後の探検』原著第一巻
ハーバート・G・ポンティング撮影

とである。そしてそれらがライバルの関係にあるシャックルトンおよびアムンセンとの比較の形をとることがあって、読者はそこに二人に対する偏見を感じるかもしれない（第四章、第一二章、その他）。もちろん肝要な実際問題では、スコットは偏見によって判断を曇らされることはなかった。アムンセンが鯨湾に基地を設営したことを初めて知ったときは、アムンセンの有能さを正しく認識し、同時に自らのとるべき対応にも誤りがなかったし（第六章）、南極点でアムンセンに先着されたことを知ったときも、「先着者たちが十分目標を確認し、完全に計画を遂行したことにいささかの疑

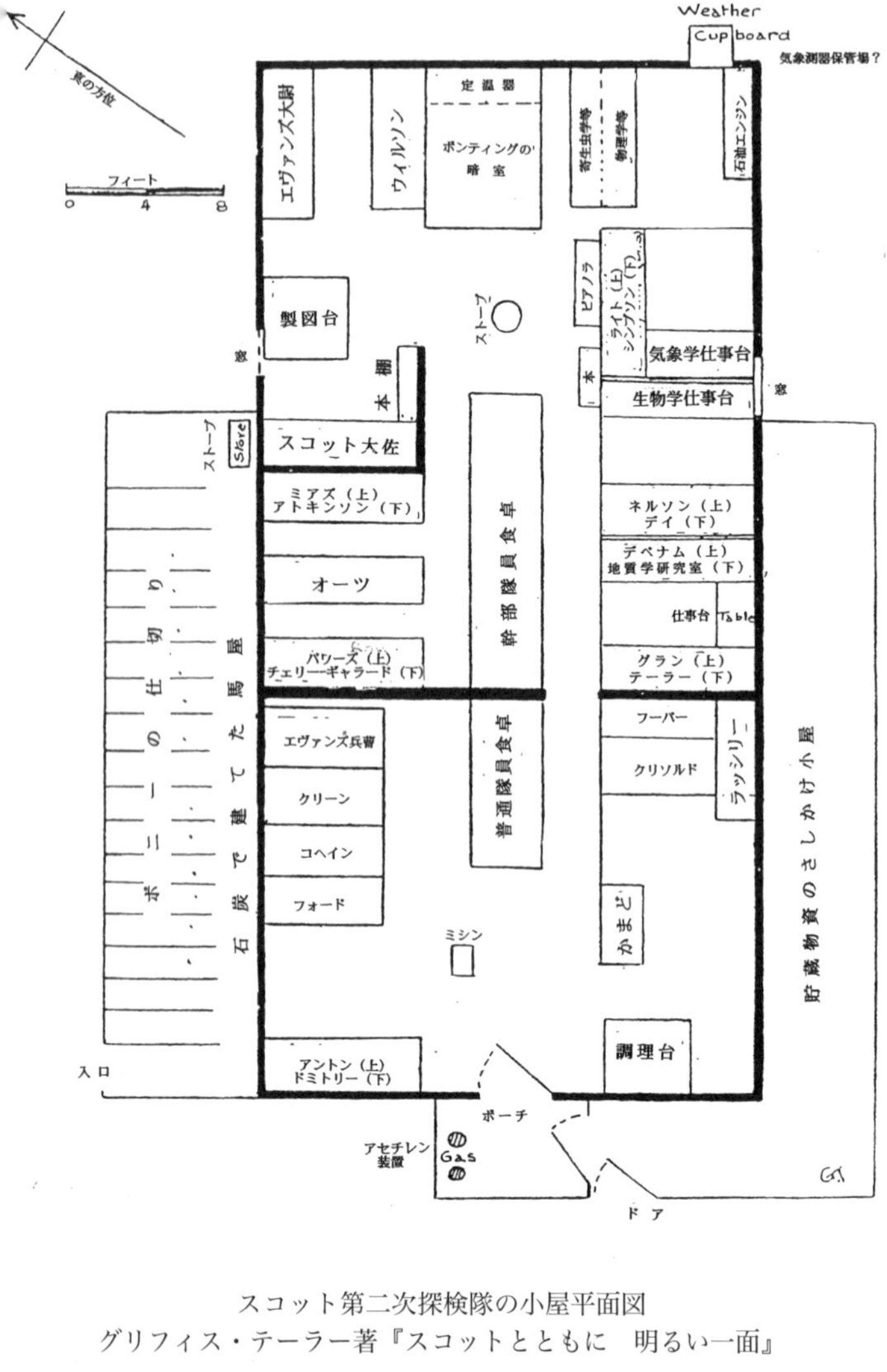

スコット第二次探検隊の小屋平面図
グリフィス・テーラー著『スコットとともに　明るい一面』

いもない」と言い切っている（第一八章）。

冬営中の七月六日にスコットは突然次のように書いている。「私はいま腰を据えて実のある仕事に取り掛かることがどうしてもできず、しようと決めた仕事もあとへ延ばしている。」前後の脈絡なくこれだけぽつりと書いてある。理由もなく落ち着かなくなることがあったようだ。そして気持ちの迷い、判断の不安定、考えの矛盾なども散見される。一例をあげると、犬について働きがすばらしいと言ったかと思うと、次には犬は信頼できないと書いてあり、それが繰り返し現われて読む者をとまどわせる。

スコットは感受性と想像力に富んだ人であった。ニュージーランドで逗留中の家からの眺望にうっとりしたり（第一章）、オーロラに見とれて想像を馳せたりしているところなど（第一〇、一一章）、日記の随所にそれが感じ取れる。また揺れる船や柔らかい雪で苦しむ馬に同情を示す様子（第一、五章）には、やさしい心根が表われ、もちろんそういうやさしさは人間に対しても発露して、たとえば、極点から帰途を急ぐ途中、エヴァンズの凍傷に気付くや直ちに停止、野営して手当てをするなど（第一九章）、その例を見付けるのは容易である。足の凍傷で歩けなくなったオーツが他の隊員の生還を妨げぬようテントから立ち去った厳しい出来事の翌日（第二〇章）、残ったスコットたちが、不要のはずのオーツの寝袋をなおも運んで進んだのを読者は不審に感じるが、チェリー‐ギャラードの推測によると、それはオーツがまだ生きて見つかる場合に備えたのだろうという。（『世界最悪の旅』原著四八六ページ。中田訳五七四ページ）

スコットの人間的な一面としてユーモアを忘れてはなるまい。スコットにはユーモアの感覚が乏しかった、とチェリー‐ギャラードは書いている（前掲書二〇二ページ。中田訳二六二ページ）。イギリス人の感覚ではそうだったのだろう。しかしユーモアを解さない朴念仁ではなかったように私には思われる。自分でも電話の相手としゃれのやりとりを楽しんでおり（第一五章）、また隊員たちのユーモアをしばしば日記に記録している。たとえば、隊員や馬のあだ名の一覧表をつくったり（第二、一一章）、極点旅行の往路で悪天候続きのため足止めを食い、旅行が挫折しかねない「失望の泥沼」の中にあったときでさえ、コヘインのおどけたブリザードの詩を日記の中に書き留めたりしている（第一六章）。

スコットの第二次南極探検（一九一〇〜一三年）は自ら募金活動をして組織し実施した、いわば個人事業であったが、それに対して第一次探検（一九〇一〜四年）は王立地理協会と王立協会共同の、半ば公的な事業としての南極探検に、選ばれて隊長を務めたのであったから、当然それだけの優れた資質の持ち主であったと考えられる。しかしスコットの性格のそういう表向きの面は、先に一、二あげた以外、日記からはわからない。ただ、スコットの心にあったと見られる人間としての、また英国紳士（中産階級の男子。スコット探検隊の幹部隊員はこの階級）としての、徳目は拾い集めることはできる。努力、勤勉、熱意、進取、責任感、国への奉仕、名誉、勇気、冒険心、堅忍、知識・経験、寛容、友愛、誠実、謙譲、自己犠牲、心の余裕、快活。おそらくスコットは自らこれらの徳目の体現に努めていたと考えられる。ところが、日記にはすでに見たように、そういう表向きのスコットを言わば裏切りかねない記述が頻繁に現われ、一見スコットの人間像を傷つけているような感じがする。しかし考えてみると、一面で、誰にもありがちな人間らしい弱点や偏見、矛盾などが素朴に記述されているからこそ、この日記が屈指の極地探検記録であるにとどまらず、感銘深い真実の人間記録となっているのに違いない。（丸善『學鐙』昭和六二年八月号）

スコットの日記は、冬営宿舎で生活中は大判の大学ノートふうの帳面に書かれ、旅行中は、ミシン目の入ったスケッチブック（複製本で二一・八センチ×一三・五センチ）に書かれた。極点旅行中の日記は捜索隊によってスコットの遺体とともに発見された。その状況は次のようであった。

極点班のテント発見。一九一二年一一月一一日の夜から一二日の朝にかけての行進で、一トン貯蔵所から一一地理マイル（二〇・四キロメートル）南へ来たところで、極点班のテントが見付かった。その時の模様を捜索隊の先導者、科学隊員チャールズ・ライトが後に書いた手記『サイラス』に見てみよう。（原著三四五〜六ページ）

「私は自分の決めた針路へ向かって進み続けていた。するとそのとき進行方向の右手に小さな物体が路面に出ているのが目に入った。しかし私は針路を変えずにそのまま進み、その物体とほぼ横並びになるところまで来た……私は調べてみるのがよかろうと心を決めたが、さほど重要なものだとは予想しなかった。だから、ラバ班にはそのまま南へ進ませ、私は一人で二分ノ一マイル〔八〇〇メートル〕ほど歩いてそれを調べに行った。見るとそれはテントの先端が六インチ〔一五センチ〕ほど出ているもので、私はぎくっとした……ラバ班を停止させてこっちへ来させようと信号したが、私のアルファベット信号は海軍の人たちには通じず、また、物音をたてるのは神聖を汚すような気がした。私は大聖堂の中にいて、ふと自分が帽子をかぶったままでいるのに気付いたような気持ちだった。

やがて、ラバ班にも、こっちへ来させようという私の意図が通じ、私も彼らの方へ近付いていった。というのは、テントのそばで野営するのは適切でないと思ったからだった。そして私はアトキンソン〔捜索隊長〕と犬ぞり班が来るまではテントに触れてはならないと命令した。」

その犬ぞり班のチェリー‐ギャラードは次のように書いている。（『世界最悪の旅』原著四八一ページ。中田訳五六九ページ）

「犬ぞり班のわれわれは、ライトが一人で針路から逸れていくのを見た。そしてラバ班がわれわれの前方で右へ曲がっていった。ライトはケルンらしいものを見かけ、それからそのわきに黒いものを見たのだ。はてな、という漠然とした思いが、徐々に、さては、という現実の恐れに変わっていった。彼ら全部が停止しているところへわれわれは追い付いた。ライトが近寄ってきた。『テントだ。』どうして彼にわかったのかは私は知らない。荒涼とした雪原があるきりだったのだ。われわれの右手にひとつ昨年のケルンの名残があった。ちょっと盛り上がっているだけだった。それから竹ざおが一本、ぽつんと雪の上へ三フィート〔九〇センチ〕突き出て

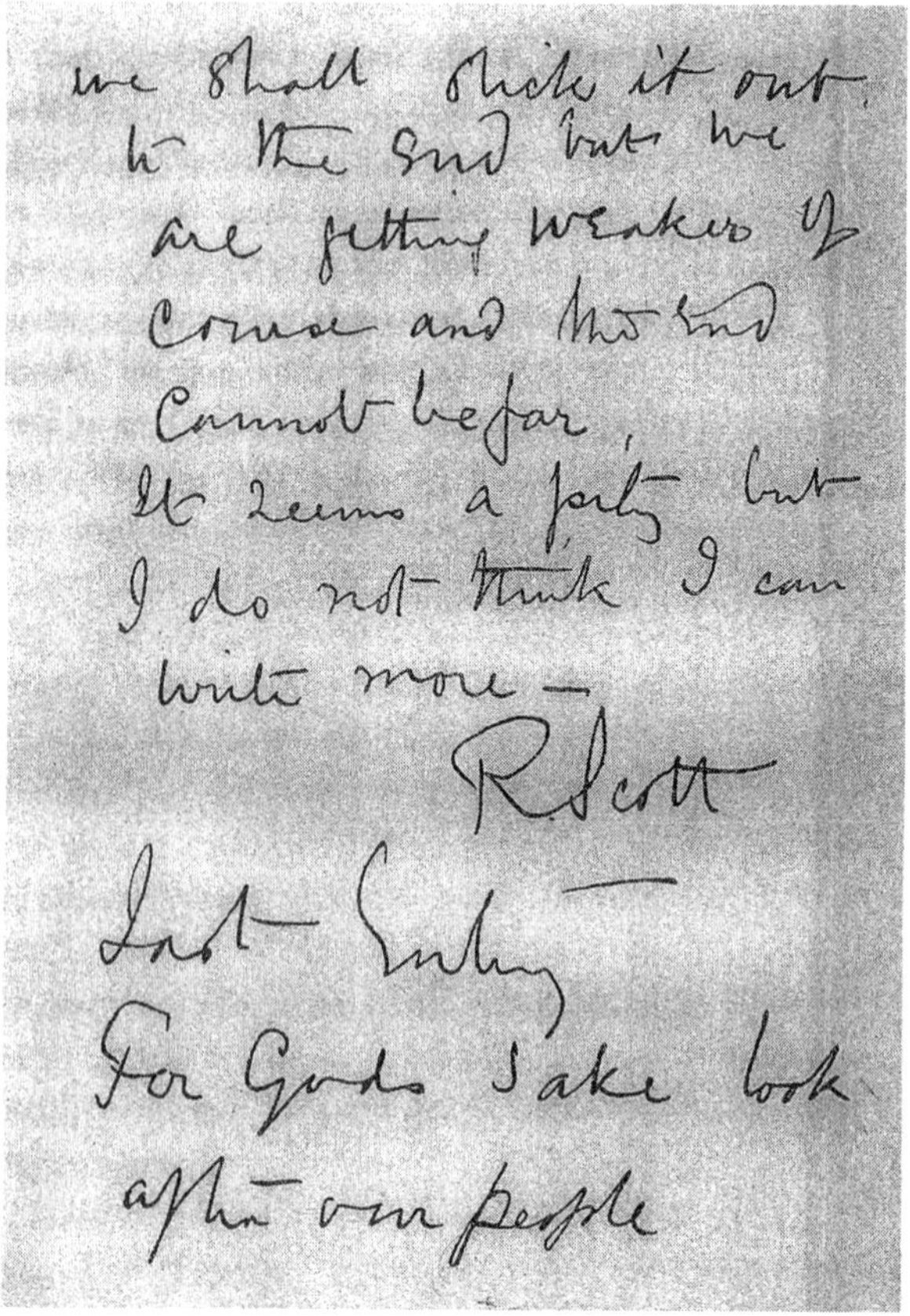

We shall stick it out
to the end but we
are getting weaker of
course and the end
cannot be far.
It seems a pity but
I do not think I can
write more —
R. Scott
Last Entry
For God's sake look
after our people

スコットの日記の最終ページ
『スコットの最後の探検』第一巻
(85%に縮小)

最終ページの文言の訳

われわれは絶対に最後まで
あきらめないが
言うまでもなく体が次第に衰えており
最後は決して遠くはない
残念ながら
これ以上は
書けそうにない
　　　　　　　　Rスコット

最後に
どうか
　われわれの家族をよろしく

いた。それから、もう一つ雪の盛り上がりがあった。前のよりもいくらか尖った形をしていたかもしれない。われわれはそこへ近付いた。いま考えると、われわれは半信半疑だったと思う——しばらくの間だったが——しかし誰かが雪の突起に手を伸ばしてそこを払いのけた。テントの換気孔の緑色の垂れ布が現われ、それで下に入口があることがわかった。」

テントの中には三人の遺体があった。中央にスコットが横たわり、その左にウィルソンが頭を入口の方へ向けて横たわり、そしてバワーズがスコットの右に、足を入口の方へ向けて横たわっていた。チェリー‐ギャラードの続きを見よう。

「バワーズとウィルソンは寝袋に入って眠っていた。スコットは最後に寝袋のふたを押しあけたようだ。彼の左手は生涯の友人だったウィルソンの上に投げかけられていた。寝袋の上端の下の、寝袋と床敷きのあいだに、スコットが日記を入れて持ち歩いていた緑色の小袋があった。その中に茶色の日記帳が数冊入っていた。そして床敷きの上に数通の手紙があった。」

テントはしっかり張ってあり、すべてが整然としていた。スコットのかたわらに空缶でつくったアルコールランプがあった。その明かりを頼りにスコットは書き続けたのだと思われる。そして、おそらくスコットが最後に息を引き取ったように見えた。

続く場面を捜索隊長アトキンソン軍医の報告に見よう。（『スコットの最後の探検』原著第二巻三四六～七ページ。中田訳『南極探検日誌』三九八ページ）
「捜索隊員全員がおのおの遺体を確認した。スコット大佐の日記の中に私はこの惨事の原因が書かれているのを発見した。一同が集まったところで、私はその原因、エヴァンズ兵曹の死亡の位置、およびオーツ大尉の立派な最期のくだりを読み上げた。

われわれは一行の所持品を残らず収容し、そりおよびその積載品を掘り出した。それにはビアドモア氷河のモレーン〔堆石〕から採集した貴重な地質標本三五ポンド〔一六キログラム〕も含まれていた。惨事が目前に迫っているにもかかわらず、そして、引かなければならない荷にそれだけ重量が加わるのを承知で、ウィルソン医師の要請を入れ、文字通り最後まで運んできたものであった。

一切を収容し終わると、われわれは遺体を外テントの布で覆い、埋葬式を行なった。それから翌日へかけて遺体の上に大きな雪のケルンを築き始めた。このケルンは翌朝完成し、その上に二本のスキー板の主要部で作った素朴な十字架を立てた。さらにその左右にそりを立て、雪の中へしっかり固定して目印の補いとした。東側のそりとケルンとのあいだに竹ざおを一本立てて、それに金属の筒を付けて、その中に次の記録を残した。

《一九一二年一一月一二日、南緯七九度五〇分〔四〇分の誤記?〕。この十字架およびケルンはヴィクトリア上級勲爵士英国海軍スコット大佐、ケンブリジ大学卒医学士理学士E・A・ウィルソン医師、並びに英国海軍インド海兵隊H・R・バワーズ大尉の遺体の上に築かれたもので――彼らが極点到達に勇敢にいどみ、それに成功したことをささやかながら長く記念しようと

最後の安息
スコット、ウィルソン、バワーズの墓
トレグヴェ・グラン撮影
『スコットの最後の探検』原著第二巻

するものである。彼らが極点に到達したのは一九一二年一月一七日で、すでにノルウェー探検隊が到達したあとであった。厳しい天候と燃料不足が一行の死の原因となった。彼らの勇敢な僚友二人も合わせてここに記念する。一人はイニスキリング重騎兵連隊L・E・G・オーツ大尉で、この位置より約一八マイル〔三三キロメートル〕南において、僚友たちの生還を妨げぬよう自ら死を求めてブリザードの中へ歩み去ったのである。いま一人はビアドモア氷河のふもとで果てた水兵エドガー・エヴァンズである。『主与え給い、主取り給う。主の御名は賛美されよ』》

隊員全員がこれに署名した。」

余禄一

中田の訳したスコットの『南極探検日誌』に目を止めて取材してくださった報道機関は北海道新聞社でした。そのときの記事を再録させていただきます。(『北海道新聞』昭和六二年・一九八七年・二月二三日・月曜。三月二九日に西日本新聞に)

「スコット南極探検日誌」を全訳した　中田修さん

人間らしさに引かれ

一九一一年から一二年にかけ、アムンゼンとスコットが南極点到達を競ったことは、よく知られている。そして、一九一二年三月二十九日に遭難死したスコットが、最後まで克明に日誌を記していたことも。わが国では末尾の英国民への遺言などだけが部分的に紹介されてきたが、中田さんにより初めて全訳された。

「亡くなった翌年に母国イギリスで出版されて以来、原書は版を重ね続けています。訳文が原稿用紙で千二百枚にもなる詳細なもので、ニュージーランド経由で南極入りしてから雪原に果てるまでの記録を、刊行のめどがないまま十年がかりで訳しました。奇特な版元（発行元のドルフィンプレス）が本にしてくれ、うれしい」

中田さんは英文学者で、十六世紀エリザベス朝の詩などが専門。「雪氷学はじめ、航海術や生物学にまたがる専門用語に、気を使いました。国立極地研究所の関係者らのご協力がなければ、作業は難航していたでしょう」。あえて取り組んだ理由は、ひとつ。「スコットという人間の記録としての魅力に引かれたからです」。

かつてのライバル同志の評価は、最近、微妙に変わってきているという。これまで敗者への判官びいきも手伝って高かったスコット株に代わって、洞察力や指導力などの比較からアムンゼン株が上昇中。南極に耐寒性で劣る馬そりを持ち込んだ点ほか、英国内でも批判の声が聞かれる折から、いま、なぜ、スコットなのか。

「責任感あふれる名文の遺書以外にも、随所に人間らしさが表れています。いらだちや失望を隠さない半面、競争相手の優秀さをはっきり認めてもいるのですから。極点一番乗りだけが目的のアムンゼンと違って、日誌によれば地理学や地学のためのデータ集めに力を入れていました。今日の探検の原点として再評価されていいでしょう。」

アムンゼンが南極探検の英雄時代のしんがりなら、スコットは科学時代の先駆け——。「結局、両者は犬ぞり、馬そりと手段も違えば、目的も違っていました。優劣を論じる前に、彼らの書き残したものを読んでほしいですね。」若い世代にとくにそうあってほしいという中田さんは、続いてアムンゼンの著書にいどむことにしている。

余禄 二

マイケル・ロソーヴェ編著の充実した南極書誌には、スコットの日記の刊本書目のあとに、ロソーヴェのコメントがついていて、中にスコットの日記が出版され続けているのは驚くに当たらないとし、「探検の物語でこれほど深く魂に触れるものはめったにない」と書かれています。

余禄 三

『スコット南極探検日誌』が出来たとき、スコット大佐のご子息ピーター・スコット卿に一冊お送りした。そのとき頂いた礼状の写しを次に示します。ピーター・スコット卿については、ジュリア・コートニー著、乾侑美子訳『ピーター・スコット』偕成社、一九九三年、があります。礼状にある二羽の鳥の図はピーター・スコット卿の描いたもので、卿が創設者の一人となった世界野性生物基金ＷＷＦのシンボルマークになっています。

From: Sir Peter Scott CBE DSC

THE NEW GROUNDS
SLIMBRIDGE
GLOUCESTER GL2 7BS
Tele: Cambridge (045-389) 333
Cables: Wildfowl Dursley

2nd April, 1987

Dear Mr Nakada

Thank you very much for sending me a copy of your translation of "Scott's Last Expedition". I am so pleased to know that it has been well received by a specialist at your Polar Research Centre. It looks a real 'tour de force', although I am afraid I do not read your language.

Yours sincerely

Peter Scott

ピーター・スコット卿からの礼状（約60%に縮小）

ピーター・スコット卿からの礼状本文の訳

中田様

拝啓

『スコットの最後の探検』のあなたの翻訳をお送りくださり有難うございます。お国の極地研究所の研究者によるよい書評が出たとのことでとても嬉しく思います。私には日本語が読めませんが、拝見するところこれは文字通りの「力作」だと思われます。

敬具

ピーター・スコット

右の礼状にある「書評」は次のものを指します。（転載許可済）

R・スコット著　中田修訳　『スコット南極探検日誌』　書評

藤井理行「極限状況を克明に記録　日記の特徴を読みやすい日本語に」

（『図書新聞』一九八七年五月二日）

英国のR・スコット大佐の南極探検は、ノルウェーのアムンゼンとの極点到達競争とそれに敗れたあとの飢えと酷寒とブリザードの中で五人全員が死んでいくという極地探検史上最も悲劇的な結末で多くの人に知られている。全員の死にもかかわらずこの探検が詳しく知られているのは、スコットが死の直前まで克明に日誌を書き続けていたからである。この日誌は、七カ月半後捜索隊によって凍りついたスコットや僚友ウィルソン博士、バワズの三人の遺体（他の二人はそれ以前に死亡）とともにテントの中で発見され、ただちに発行された公式報告書“Scott's Last Expedition”（一九一三）の中に収録された。

中田修訳の『スコット南極探検日誌』は、この“Scott's Last Expedition”の第一巻に収められたスコットの日誌の本邦初の完全邦訳本である。これまでスコットの日誌はチェリー‐ガラード著、加納一郎訳の『世界最悪の旅』（朋文堂、一九四四年刊や、最近教育社から発行された加納一郎全集）の中などでその一部が紹介されていただけに、この完全邦訳本の発行の意味は大きい。

この『スコット南極探検日誌』を読んで改めてこの日誌について次のようなことを考えた。

第一はこの日誌が記録文学として卓抜していることである。記録文学は、文学のジャンルの中で、ある種の行為や活動の記録が高い文学性を有したものと定義づけることができよう。スコットの日誌には、極限状況の中で日々のことが克明に記録されているばかりか、南極の厳しい自然やその中で苦渋する仲間達のことが感動的に描写されていて、単なる記録に終わらない文学性をもつ日誌になっている。

第二は、この日誌には科学的記述が豊富に見られることである。このことは、スコットの探検隊が、南極の自然に対する科学的探求心を強く持っていたことを示すものに他ならない。ロス島での越冬中の気象や潮汐などの観測や皇帝ペンギンの冬の生態調査などは、南極でのはじめての本格的な科学調査といえよう。飢えと凍傷とに苦しむ中で、ベアドモア氷河付近で地質調査を行い、そのとき得た岩石標本を最後まで捨てないでそりで持ち歩いていたことは、スコット隊の科学指向の強さを、如実に示すものである。〔本書四三ページ参照〕

第三は、この日誌が平明な英語で書かれ、しかも格調の高い文章になっていることである。訳者である中田氏はスコットの日誌のこの特徴をうまく伝え、読みやすい日本語の日誌に仕立てている。訳者がていねいな訳を心掛けたからに他ならないのだが、それは、氷河や地質といった科学的専門用語の訳や、また本人が「あとがき」で述べているように、原本の英語と他の本に載せられた英語とでいくつかの表現の違いを見つけたというような点でも充分にうかがい知ることができる。

スコットの日誌は、一九一二年三月二九日で終わっている。今からちょうど七十五年前のことである。日本の観測隊も今年で三十周年を迎えた。南極とのかかわりという点で、ひとつの節目にあたるこの時期にスコットの日誌の完全邦訳版が刊行されるのである。この『スコット探検日誌』は、「南極」や「探検」に関心がある人はもとより、「極域の科学」や「極限の中での人間のドラマ」、「二十世紀はじめのジョンブル・スピリット」に関心がある人にも広く一読をおすすめする本である。

（執筆者の藤井理行博士は執筆当時国立極地研究所助教授。後に教授、所長を歴任。その後名誉教授）

余禄　四

いま一篇、思いがけず、詩人による書評が出ました。この日記の性格の一面を象徴しているようです。それは杉原美那子氏による「感動の人間記録を全訳　スコット南極探検日誌」です（『北国新聞』一九八七年・昭和六二年・二月二三日）。次に部分的に引用させていただきます。

「太陽、月、星、雲、氷——光の交錯によって現出する神秘な映像が、刻々移り変わる。氷が歌う。ブリザードが吹きすさぶ。しみわたる静寂、荒れ狂う自然。天と地の荘厳な交響曲がひびく。その中を人間の小さな隊列が進む。極地のただ一点を目指して。……

一九一〇年、（スコット）大佐の率いる探検隊は、南極点到達、広範囲の科学調査という二つの大きな目標をかかげて出発した。隊員一人一人に対する、大佐の熱のこもった称賛と厚い信頼が、なんと数多く繰り返されていることか。隊員同士の「友愛」のきずなも、窮地に向かうほど、濃密に強くなっていく。氷上でサッカーに興じる隊員たち。交替で行われた専門の講義。……

アタック隊五人によって、困難な極点踏破は成し遂げられる。しかし、すでに一カ月ほど前に、初踏破は行われていた。失意の中に彼らがたどった帰途は、不測の悪天候続き、燃料、食糧不足、凍傷と衰弱という困窮きわまりない旅だった。最も重症のオーツは、自ら死を求めて、ブリザードの中へ姿を消していく。残った人々にとっても死は目前にあった。大佐が最後の力をふりしぼって書きのこした、多方面にあてた遺書は感銘深い。」（この一篇は余禄二のマイケル・ロソーヴェのコメントと符号します。）

もう一篇、雁部貞夫著『岳書縦走』にこのようにあります。「私は昨夏パキスタン北辺の山中に本書を携行し、ある時はテントの中で、ある時は氷河のほとりの陽光あふれる中で、じっくり読み通すことが出来て読書の醍醐味をたっぷり味わった。」

余禄　五

近年イギリスで、ローランド・ハントフォードという人が『スコットとアムンセン』という本を書いて話題になりました。マイケル・ロソーヴェの書誌にはその本について次のような趣旨のコメントが書かれています。

「超英雄化されてきたスコット像は長年修正の必要があった。ハントフォードはそれに挑戦した。しかし彼は行き過ぎた。それでもこの本はスコットの受け取られ方に決定的な変化を与えることに成功した。そしてスコットの英雄的物語によって長年かすんでいたアムンセンに至当の評価を与えた。しかし彼の（種々の）結論は、提示されている事実とちぐはぐなことが余りに多く、警戒を要する。」

余禄 六

ちなみに、スコットとアムンセンとか、アムンセンとスコットとか言いますが、二人に共通するのは、南極点初到達を目指して行動したことだけで、他は全く異なる二人だと私（中田）は思います。スコットは現在の南極観測・調査につながる人で、かなりの数の科学隊員を伴っており、長期にわたって南極で活動し、そして南極の未来に対して展望を持っていたのに対し（本書三一ページ参照）、アムンセンは、たとえば上村直己につながる人で、踏破で「記録づくり」を目的としていて（本書一四九ページ参照）、南極点初到達を果たしたあとは、南極から「永久に立ち去る」人でした（『南極点』原著第二巻一七六ページ。中田訳、朝日文庫五二九ページ）。行動の対象である南極よりも、自己の行動が目的だったのです。アムンセンは次の記録づくりの行動として、飛行船による北極点上空通過をしています。

第一部　三　一八キロか二〇キロか

一九一一〜一二年に、スコットの二度目の南極探検で、五人が極点まで行く旅をしましたが、極点から帰りの途中で二人が死亡し、残った三人が最後の旅を続けました。そしてその三人も、南緯七九度半の拠点貯蔵所（一トン貯蔵所。本書巻末地図E参照）がある所へあと「一一マイル弱」まで来て、そこで全滅しました。

これは南極探検の歴史では有名な話ですが、この「一一マイル弱」を換算して一八キロメートルとする場合と二〇キロメートルとする場合があります。なぜそういう違いが生じるかといいますと、英語で距離を表わす「マイル」に長さの異なる二通りの使い方があるからです。日本でいうマイルは約一・六一キロメートルの長さで、英語でも通常使われる場合の長さです。正式にはこれを「法定マイル（statute mile)」といいます。しかし英語ではほかに「地理マイル（geographical mile)」というマイルがあって、これは日本語の海里のことで、一地理マイルは約一・八五キロメートルの長さです。

スコットの日記には、両方のマイルが使われていて、その区別を示してあるところもありますが、多くは単にマイルとだけ書いてあります。極点旅行の復路でスコットたち残った三人も全滅した最後の野営地から一トン貯蔵所までの距離について、スコットは日記（三月二一日）に「貯蔵所まで一一マイル以内のところへ達した」と書いています（『スコットの最後の探検』原著第一巻五九四ページ。中田訳『南極探検日誌』三八九ページ）。そこだけを読んで、その一一マイルを普通のマイル（法定マイル）で換算すると一八キロメートルになります。

私はスコットの極点旅行全体の日々の進度を、スコットの日記の原本（手書き、複写本）に見られる進度の記録によって表を作ってみました（『世界最悪の旅』中田訳参照）。それによると、この時のスコットの書いた「一一マイル」は「一一地理マイル」になります。つまり、ほぼ二〇キロメートルです。スコットの第二次探検を全般的に記述した本で、隊員だったチェリー-ギャラードの書いた『世界最悪の旅』にも「一一地理マイル」と書いてあります（原著初版序章。中田訳五一ページ）。ところがその本の朝日文庫版訳（一九九三年）では「一八キロ」としています。この文庫版の元の本（朋文堂、昭和一九年・一九四四年）には「二〇キロ」となっているのに、それをわざわざ間違いに直しています。実は私自身の書いたものにも、地理マイルに「約一六〇〇メートル」と間違った注を付けられています（立松和平編著『心に響く日記』法研、平成七年）。

間違いということでは、ついでに、私自身について間違えられたことを正して置きたく思います。『本多勝一集28アムンセンとスコット』の四四一ページに、中田の言葉として「エバンズの死後、スコットらがすぐに飛び立つように出発した」と引用されていますが、これは中田の言葉ではなく、本多勝一氏自身の言葉です。『本多勝一集28』の元の本『アムンセンとスコット』（教育社、一九八六年）の二四四ページにある言葉です。それにはこうあります。「〔エバンズの〕死後二時間ほどで四人がその野営地をとびたつように出発し」。この教育社の本を、ドルフィンプレスを介して本多氏から中田が寄贈された時、そこを読んで、「とびたつように」ではないことを、中田が本多氏に書き送ったのでした。それが混同されたようです。死後「二時間ほど」では「とびたつように」にはならないし、スコットの日記でもウィルソンの日記でも「とびたつように」出発とは書いてありません（本書一八三ページ参照）。そして『本多勝一集28』では、教育社版と違って、間違いの「とびたつように」がそのままで、間違いではない「死後二時間ほどで」が削られているので、誤りがいっそう大きくなり、スコットに不当に不利な記述になっています。

本題へ戻って、二キロメートルくらいの差は特に問題にするほどの距離ではないように感じられるかも知れません。しかしそうではないようです。これは日本の第一次および第三次南極観測で越冬隊員だった北村泰一博士から私がいただいたお手紙にあったのですが、このときのスコットたちのような場合には、たった二キロメートルの違いでも重大な意味を持つだろうとのことです。これは貴重な見解です。たしかに、氷雪原を四カ月余りも旅を続けたあと、食糧も乏しく、疲れ果てた体で、一日に一〇キロメートルほどしか進めなくなっていた人たちにとっては、そのとおりだと思われます。

この二つのマイルの差は、もっと長い距離になると、大きく開いてきます。その例を二つ示します。

一つはゴードン・ヘイズの著書『南極大陸』(原著)にあるスコットたちの極点旅行の日々の行進距離の表です。その表では「法定マイル」を基準にしていると書いてあるのですが、スコットの「地理マイル」の数値をそのまま法定マイルとしているところがあり、特に極点からの復路がそうで、日々の行進距離の合計が実際の距離と合わなくなっています。スコットが単にマイルと書いているところを、ヘイズが確かめなかったのでしょう。

いま一つはシャックルトンに関する例で、シャックルトンはスコットの極点旅行の三年前に極点旅行をして、南緯八八度二三分まで行きました（一九〇九年一月九日。シャックルトン、アダムズ、マーシャル、ワイルド）。これはスコットの第一次探検での到達記録（南緯八二度一六分半。一九〇二年一二月三一日。スコット、ウィルソン、シャックルトン）を大幅に更新した新記録の到達最南点で、シャックルトンはその功績によって帰国後国王からサー（準男爵）の称号を授けられ、南極探検のヒーローになりました。この位置は南極点まであと緯度で一度三七分、距離で九七地理マイルになり、それはおよそ一八〇キロメートルです。問題はシャックルトンのこの距離を一六〇キロメートルとする場合があることです。これも地理マイルの数値を法定マイルとして換算した間違いということになります。（例。加納一郎訳『両極』タイムライフブックス、一九七四年、五四ページ。）

このシャックルトン隊についてひとつエピソードを加えますと、この隊では、北部隊として

シャツクルトン隊　南進旅行到達最南点（南緯88度23分）で。
アーネスト・H・シャックルトン、エリク・マーシャル医師、フランク・ワイルド、ジェームス・B・アダムス
（個人の特定不能。一人は撮影に当たっていたのだと思われる）
アーネスト・シャックルトン著『南極大陸の心臓』原著第一巻

アーネスト・H・シャックルトン
シャックルトン著『南極の心臓』原著普及版

南磁極に到達したシャックルトン隊の北部隊
左からアリステア・マカイ医師、エジワス・デーヴィド教授、
ダグラス・モーソン
アーネスト・シャックルトン著『南極大陸の心臓』原著第二巻

シドニー大学教授エジワス・デーヴィドをリーダーとし、アリステア・マカイ医師およびダグラス・モーソンの三人から成る別働隊が南磁極（本書巻末地図B参照）を目指す旅をして首尾よくその初到達を果たしたのですが、後年リーダーのデーヴィド教授の次女メアリー・デーヴィドに会った日本人があります。それは科学・技術ジャーナリスト、ノンフィクション作家の中野不二男博士です。中野博士から中田がいただいたお手紙によると、メアリー・デーヴィドはずっとデーヴィド教授の秘書をつとめていて、白瀬中尉がデーヴィド教授を訪問したときにも同席していたとのことです。

次の写真は中野博士がオーストラリア在住中に訪問されたとき（年月日不明）撮影されたもので、デーヴィド教授の旧居に住み続けている当時九〇歳を過ぎていたメアリー・デーヴィドです。中野博士の提供によります。

シャックルトン隊の隊員エジワス・デーヴィド教授の旧居に住む同教授の次女メアリー・デーヴィド
中野不二男博士撮影提供

メアリー・デーヴィド
中野不二男博士撮影提供

第一部　四　アムンセン、イギリス隊に犬提供の話

以前『岳人』誌で（一九九八年五月号）拙著『南極のスコット』（清水書院）を紹介してくださいましたが、実はその本で私は宿題をひとつ残していました。それは第四章の注二二（二〇八ページ）に書いたことで、「アムンセンがイギリス隊に犬を提供しようとしたという話があるが、記録には見当らない」と書いたことです。（話の出所はいまは不明です。）

『南極のスコット』を書いた時、この話の当事者だったアムンセンの記録にも、アムンセンと出合ったイギリス隊のキャンベルおよびプリーストリーの記録にも、そのことが見当らないので、それを注に書いたのでした。キャンベルはイギリス隊の別働隊（六人）の隊長であり、プリーストリーはその隊の科学隊員でした。この隊はロス・バリア（ロス海に張り出している陸の氷原。本書巻末地図B参照。一〇三ページに写真）の末端部の東寄りにあるエドワード七世ランド（スコットが第一次探検で海上から発見した陸地。地図B参照）の実地調査のためにやってきて、近くの鯨湾（地図Bの気球入江が隣の湾と合体してできた湾）にいたアムンセン隊と遭遇したの

でした。

私が犬の提供の話について注をつけたのは、当事者双方の当時の記録に見当らないという点のほかに、その話に少し疑問を抱いていたからです。その話ではアムンセンが自分の犬の半分を「イギリス隊」に提供しようとした、ということで、アムンセンの犬は一一六匹いましたから、その半分は五八匹になります。かなり多い数です。

アムンセンの基地からイギリス隊の基地までは六五〇キロメートルあります（『南極点』原著第一巻一四八ページ。中田訳朝日文庫四五ページ）。そこを船が運んだとしても、極点旅行の出発までにはまだ九カ月あります。イギリス隊にはすでに自分たちの犬が三〇匹ほどとポニーが一五頭います。それらを加えての世話や、飼料や引き具の問題など、いろいろ起こってきます。私にはアムンセンほどの傑出したプロの極地探検家がそういう状況でそんな提案をするだろうか、と思われたのです。

その後、私の本を読んだ人から、この話はアムンセンの自伝の加納一郎抄訳『アムンゼン探検誌』にある、との知らせがありました。見るとたしかにその本にはアムンセンが「私らのところに一緒に滞在してはどうか、また私らの犬を半分はお役に立てようとまで申出たのであったが……」とあります（朋文堂五六ページ）。しかしこれはイギリス隊（本隊）に提供する、というのとは違うのではないか、近くに滞在した場合のキャンベルたち別働隊に、ということではないか。私にはそういう意味にとれました。

それでその翻訳書の元の本、『探検家としてのわが生涯』英語版（英訳ではなくアムンセン本人の著述）に当たってみました。それにはこうありました（六六ページ）。I also invited them to stay with us and make use of half of our dogs.（私はまた彼らに、われわれのところに滞在し、そしてわれわれの犬の半分を利用するよう勧めもした。）私の思ったような意味でした。ついでに見たノルウェー語版の文言も直訳的に英語版と同じでした。

明らかに、犬の半分を提供しようとした相手は、目の前にいるイギリス隊の別働隊であって、極点旅行をしようとしているイギリス隊（本隊）ではありません。そして「滞在」があって初めて「提供」が意味を持つということです。これならば私もすっきり理解できます。確かに、別働隊もイギリス隊ですから、「イギリス隊に提供」も誤りとは言えません。しかしそれでは読者は誤解するでしょう。

私が『南極のスコット』を書いたとき、私の使用した参考文献にアムンセンの自伝『探検家としてのわが生涯』は入っていませんでした。それは、できるだけ当時の直接の記録・文献を元にして書こうとしたからで、アムンセンの自伝はこのときより一五、六年も後に書かれた本です（一九二七年初版）。アムンセンの著書で私が参照した本は『南極点』原著（一九一二年）でした。それはアムンセンのそのときの探検の直後に書かれた本です。それにはイギリス隊の船テラ・ノヴァ号のことやイギリス隊の別働隊の人たちと会ったことは書いてありますす。しかし彼らに滞在を勧めたり、犬の提供を申し出たりしたことは書いてありません（原著第一巻三二三ページ。中田訳朝日文庫一八四ページ）。一方の当事者のイギリス隊別働隊のキャンベルおよびプリーストリーの記録にはアムンセンが近くを基地にして越冬するよう勧めたことが書かれています。しかし犬の提供のことは書かれていません。したがって犬の提供は当時はどちらの当事者にも記録されず、あったとしても、ほとんど意識されない程度のことだった、ということになります。

アムンセンが、それがあった時の記録に書かなかったことを十数年後に自伝の中で書いた、ということには何か意味があるのではないか、と考えられます。アムンセンは北極探検を発表したまま、ひそかに目的を南極探検に切り替えて準備し（本書一四九ページ参照）、出発後の航

鯨湾のアムンセン隊の船フラム号
左はスコット隊の船テラ・ノヴァ号
アムンセン著『南極点』原著第一巻

海の途中で初めてそれを発表しました。そして探検後それがフェアでなかったと批判されたようです。自伝ではその点に触れて、そういう批判に対する弁明として、あるいはフェアを損ねてはいないことを主張する根拠として、マデイラ島からスコットに宛てて電報で南極点初到達を争う意図であることを知らせたこと、また鯨湾でスコット隊の一部と出会ったとき彼らを歓待し、そして自分たちの準備の状況を隠さず見せたことを書いています。犬の提供はその弁明・主張の中で書かれています。

そういう後年の、提供者側だけの、二次的な記述が、実情とは無関係に重視されて美談のように書かれたものと考えられます。（東京新聞出版局『岳人』二〇〇八年九月号から版）

E・ハックスレーは著書『南極のスコット』（原著）で、「アムンセンは自分の犬の一部をスコットに提供する提案をした」と書いていて、それはスコット本人に対して極点旅行で利用できるよう提供する、という意味になるように思われます。このあたりが間違いの元になっているのかも知れません。実際には、「提供」は目の前にいるスコット隊の「別働隊」にするということで、スコットに、つまり極点旅行をするスコット隊本隊に、するという意味ではありません。

第一部　五　南極でスコット隊の隊員に会った日本人

スコットの第二次探検から半世紀後、スコット隊の若手科学隊員だったチャールズ・ライトに南極で会った日本人があります。それは日本の南極観測隊の隊員や隊長として何度も南極へ行っておられ、またアメリカ隊、ニュージーランド隊、イギリス隊などの基地で研究された吉田栄夫博士（日本極地研究振興会代表理事）です。吉田博士は南極でライト（当時七七歳？）に会われた時の未公表の貴重な写真を、本書のために提供されました。その写真を、頂いたお手紙の関係の部分とともに次に掲げます。

（一）「探しておりました第二次スコット隊の Sir Charles Wright さんに、一九六五年一月、米マクマードー基地でお目に掛かった際、撮影して頂いたライトとその横にちょっと顔を出しました私の写真を、お慰みまでにお送りします。」

（二）「今でも、ライト卿が白夜のもと、力強い足取りでオブザヴェーション・ヒルの登頂

左がチャールズ・S・ライト卿、右後方が吉田栄夫博士

にひとり向かっておられたのが、はっきりと脳裏に浮かびます。」

次は吉田博士がお会いになる四年余り前の一九六〇年、ライト卿がオブザヴェーション・ヒルに登った時の写真です。『サイラス。チャールズ・S・ライトの南極の日記と手記』から。（原著、一九九三年）

オブザヴェーション・ヒル（本書一三ページ地図参照）の頂上には写真のようなスコット隊の記念十字架が立てられています。（写真のライト卿は十字架の碑文を読んでいるようです。）その記念十字架の由来が、それを立てるのにかかわったチェリー‐ギャラードによって、彼の著書『世界最悪の旅』に書かれています。そこを見てみましょう

オフザウェーション・ヒル頂上のスコット隊記念十字架の碑銘を読むチャールズ・S・ライト卿。1960年12月22日

（原著五六五〜五六七ページ。中田訳六五八〜六六〇ページ）。

「船がまだ来ないころ、われわれ〔スコット隊の残った隊員〕は極点班の記念の十字架をオブザヴェーション・ヒル〔見張り丘〕の上にぜひ立てることを提案しようと決めていた。船が着くと早速、大工がマルバユーカリの木で大きな十字架を作る仕事に取り掛かった。銘文をどうするかについてはいくらか議論が起こった。『こういうことについては女たちがいろいろと考える』から、聖書の何かの言葉にするべきだ、という主張が出たりしたのだ。しかしテニスンの『ユリシーズ』の最終行『奮闘し、探求し、発見し、そして屈伏せず』が選ばれたのはよかったと私は思う。

開水面《かいすいめん》がテント島の一マイル半ほど南まで広がっていて、そこでわれわれは一月二〇日午前八時に船を下り、そりで十字架をハット・ポイントへ運んだ。一行のメンバーはアトキンソン、ライト、ラッシリー、クリーン、デベナム、コヘイン、それに船の大工のデーヴィス、そして私だった。〔中略〕

十字架には白ペンキを塗って、いま乾かしている。われわれはオブザヴェーション・ヒルへ

オブザヴェーション・ヒル（見張り丘）頂上からマクマードー海峡を展望　吉田栄夫博士撮影　1964年1月
左の白い部分は南から張り出している海面の氷。右の青い部分は氷のない海面（開水面）。向こうはサウス・ヴィクトリア・ランドの山地（本書巻末地図C参照）。カバー裏写真参照

登り、まさしく頂上によい場所を見付けて穴を掘ってきた。穴は横の岩の分とで三フィート〔九〇センチ〕になるだろう。〔中略〕

十字架は本当に立派な姿になるだろうと僕は思う。（私の日記）。

オブザヴェーション・ヒルは明らかに打ってつけの場所だった。その丘は彼ら全員のことをたいへんよく知っていた。彼らのうちの三人はディスカヴァリー号の時の人たちで、そのふもとで三年間過ごした。彼らは何度もバリア〔陸の氷が張り出している海上の氷原。オブザヴェーション・ヒルの南に広がっていた〕の厳し

オザヴェーション・ヒル（見張り丘）　ボンティング撮影
スコット著『スコットの最後の探検』原著第一巻

ロス島のハット・ポイント半島の先端の丘。海抜230メートル。スコットの命名。「そり班の出発・帰着を見る最適の見張り場」(スコット)。ふもとにスコットの第一次探検の基地（ハット・ポイント）があった。ヒルの向こうにロス・バリア（ロス棚氷・たなごおり。陸の氷がロス海へ平らに張りだしているところ）が広がっていた。本書巻末地図D参照。

スコット隊極点班のための記念十字架
オブザヴェーション・ヒル頂上　F・デベナム撮影
『スコットの最後の探検』原著第二巻

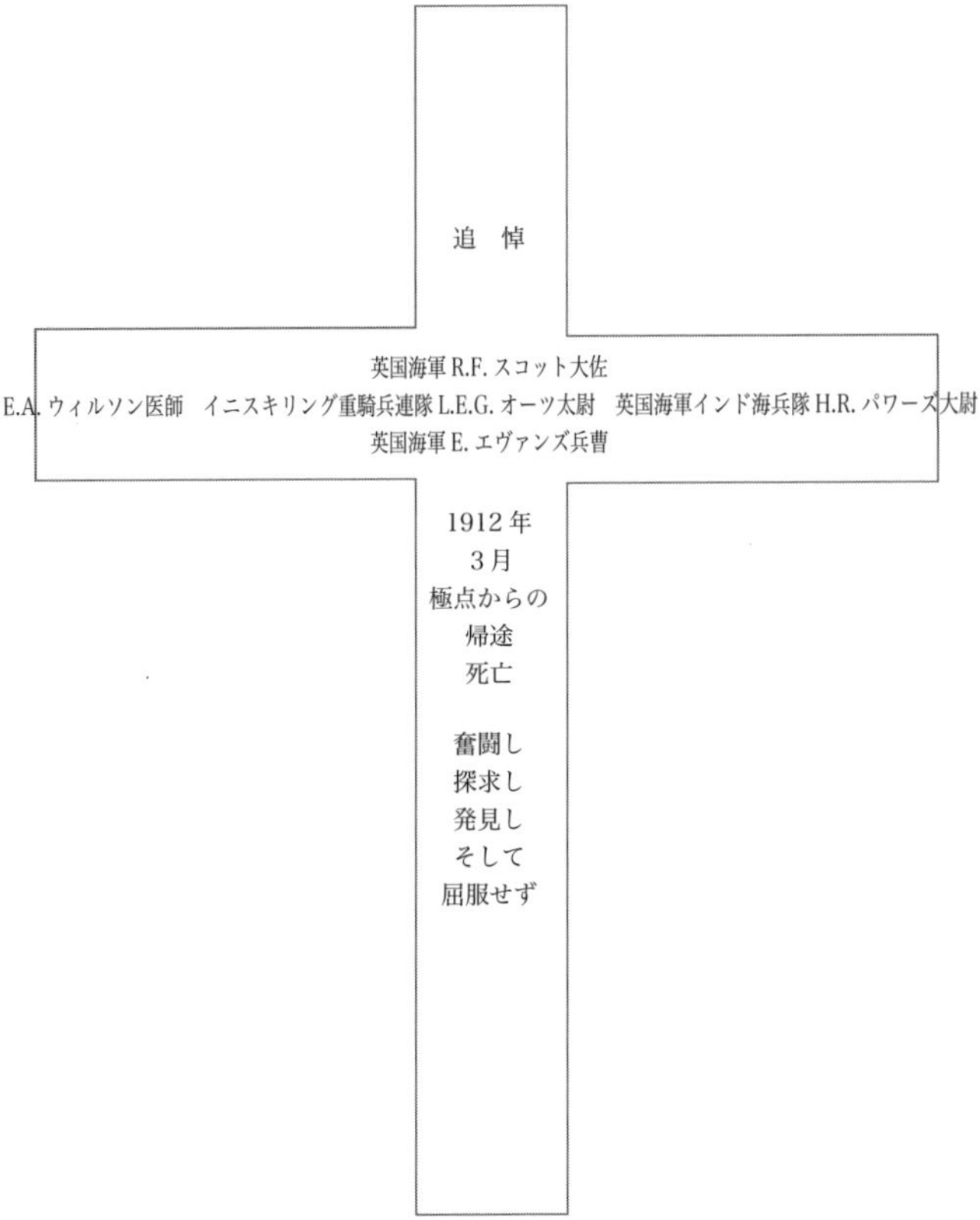
追　悼
英国海軍 R.F. スコット大佐
E.A. ウィルソン医師　イニスキリング重騎兵連隊 L.E.G. オーツ大尉　英国海軍インド海兵隊 H.R. パワーズ大尉
英国海軍 E. エヴァンズ兵曹
1912年
3月
極点からの
帰途
死亡
奮闘し
探求し
発見し
そして
屈服せず

記念十字架の文言の訳

下の五行の詩句は詩人アルフレド・テニスンの詩『ユリシーズ』の中の句。チェリー - ギャラードの提案よる。

い旅から帰るごとにそれを見た。オブザヴェーション・ヒルと城岩とは二つしていつも彼らの帰りを迎えたのだ。そこは一方では彼らの生活したマクマードー海峡を見渡し、もう一方では彼らの死んだバリアを見渡していた。それよりふさわしい台座は見付からなかっただろう。それ自体で一〇〇〇フィート近い高さのある台座だ。

一月二二日・火曜。一同午前六時に起床し、午前一一時までに大きな十字架をオブザヴェーション・ヒルの上へ運び上げた。骨の折れる作業だった。〔中略〕

十字架は本当に立派なものになった。恒久的な記念碑になるだろう。九マイル先の船からも肉眼で見えるはずだ。岩から上へ九フィートあり、地中へ何フィートも入っているから、いつまでもしっかり立っているだろう。バリアを見渡す形にそれが立つと、一同で歓声を三唱し、さらに一唱加えた。」

第一部　六　スコットの像に引き付けられた日本人

スコットはイギリスではヒーロー（英雄）ということになっていて（チェリー・ギャラード著『世界最悪の旅』原著二〇一ページ。中田訳二六二ページ）、彼の像がロンドンの中心地のウォータルー・プレイスという所に立っています。ニュージーランドの南島のクライストチャーチの町にも同じ形の像が立っています。スコットがその町で最終的準備をして南極へ出発したからでしょう。

スコットが南極を行進した時の姿の像で、彫刻家であったスコット夫人の作品です。次のページの写真はその像をスコット隊の隊員であった写真家ハーバート・ポンティングが撮影したもので、ポンティングの著書『大きな白い南』にあるものです。

第二次大戦後、早い時期に、朝日新聞社のロンドン支局に勤務した島田巽氏の著書『ふだん着の英国』（暮しの手帖社、昭和三十年）の中に「『南極のスコット』の像」と題した一章があります。そのことを私（中田）に教えてくださったのは横山厚夫氏で、横山氏はその部分をわざ

ロンドンのスコット大佐の像
H・ポンティング著『大きな白い南』原著

わざコピーして私に提供されました。
それによりますと、島田氏はこの像に「奇妙にひきつけられ……近寄って台石にはめこまれた銅板の碑銘まで丹念に読んで見たりした。それには次のような文字が刻まれていた。」と書き、碑銘の訳文を次のように示しています。

ロバート・フォルコン・スコット
海軍大佐

E・A・ウィルソン、H・R・ボワーズ、L・E・E・オーツ、F・エヴァンズの四僚友とともに南極からの帰途、一九一二年四月死去す。

〝われわれが生きていたなら、私は僚友たちの苦難、忍従、勇気について語るべきであった。それは英国人の一人一人の心を感動させたであろう〞

スコットの日記より

ポンティングの写真の碑銘の原文を中田が判読すると次のようになります。（原写真は少し大きい）

ROBERT FALCON SCOTT
CAPTAIN ROYAL NAVY
WITH FOUR COMPANIONS DIED MARCH 1912
RETURNING FROM THE SOUTH POLE

HAD WE LIVED I SHOULD HAVE HAD A TALE TO TELL
OF THE HARDIHOOD ENDURANCE AND COURAGE
OF MY COMPANIONS WHICH WOULD HAVE STIRRED
THE HEART OF EVERY ENGLISHMAN
　THESE ROUGH NOTES AND
OUR DEAD BODIES MUST TELL THE TALE

（下の台石に）ERECTED BY OFFICERS OF THE FLEET

訳

ロバート・フオーコン・スコット
イギリス海軍大佐
南極点からの帰途
四人の僚友とともに一九一二年三月死去

私どもが生還できたとしましたら私は僚友諸君の
堅忍、不屈、勇敢の物語をいたしたはずでありまして
それはあらゆるイギリス人の心を
揺り動かしたでありましょう
　いまはこの走り書きと

私どもの屍とに語ってもらうほかありません

（下の台石に）艦隊の士官たちによって設置

碑銘の後半部の六行はスコットが最後に書いた「同朋へのメッセージ」の最後の部分からの引用です。（『スコットの最後の探検』原著第一巻六〇五～七ページ。中田訳『南極探検日誌』三九六ページ）

この碑銘には島田氏の訳文にはある隊員名がありません。二〇一二年にこの像を私（中田）が見た時には、島田氏の時と同じく隊員名がありました。

第一部　七　スコットの船ディスカヴァリー号見学

一九七三年にロンドンへ行っていたとき、私はスコットの船を見た。スコットの第一次南極探検のために建造され使用されたディスカヴァリー号である。テムズ河の岸に係留してあった。その時のことが私の日記に次のように書いてある。ただ当時はスコットについて特別の関心を持っていたわけではなく、近くへ来たのでついでに見ておこうと思いついただけである。二度行っている。

八月十一日　土曜　快晴　ロンドン

ロイアル・シェイクスピア劇団の二時の開演までに時間があるので、近くのヴィクトリア堤防公園をゆるゆる散歩して、南極のスコットのディスカヴァリー号のところへ行った。テムズ河の岸につないである。掲示があるので見ると、この船に乗る人は危険を覚悟の上であること。不注意その他いかなる理由でも、人身および所持品のいかなる損失損傷も、その責任を海軍省

テムズ河のディスカヴァリー号

テムズ河畔に繋留されているディスカヴァリー号。南極探検にスコットが使った船。上流にウォータールー橋、その左に遠くウェストミンスターの議事堂がそびえている。

島田巽著『ふだん着の英国』昭和 30 年、暮しの手帖社

そびえているのは正しくは議事堂ではなく議事堂に付属する時計塔。いわゆるビックベンの塔（中田）

では負いかねる、とあるので、これは乗るな、ということかなと考えて、次を見ると、毎日一時から四時半まで公開している、とあり、いちばん下に大きく入場無料と書いてある。

NOTICE Visitors Boarding this ship do so entirely at their own risk. No liability will be accepted by the Ministry of Defence,（Navy）or their agents for injury including Fatal injury loss or damage to persons or property. whether due to negligence or otherwise Howsoever. Open to visitors Daily 13.00 to 16.30 hrs. Admission Free.（現場での筆写）

今日は外からだけゆっくり眺めた。近くで子供たちが、ちょうどやってきたアイスクリーム売りのマイクロバスからアイスを買ってなめながら遊んでいた。そういう車が時々公園や道路わきに止まっている。

十月十一日　土曜　雨　ロンドン

スコットの船のところへ行った。すると掲示は夏の時とは変わっていた。

H.M.S.DISCOVERY（国有の船ディスカヴァリー号）

ANTARCTIC EXPEDITION SHIP 1901/4（南極探検船・一九〇一〜四年）
1300 TO 1630（一三時から一六時三〇分まで）
ADMISSION FREE（入場無料）

とあって、下に、人命その他の損傷は海軍省では責任を負いかねる云々、とある。

今日は船内へ入ってみた。幹部隊員居住区の中央の共同室とまわりの個人船室のいくつかだけを見せる。共同室に大テーブルがある。個人船室はきれいにニス仕上げをした家具のような感じである。スコットの部屋のベッドのところに遺品類を展示してある。共同室に太い木の柱があるので、係の人にこれはマストかと尋ねると、そうだ、下のキール（竜骨《りゅうこつ》）まで十二フィート（三・六メートル）いっている、などと説明してくれた。やや傾斜している。外で見ると、そのメインマスト（一番重要なマスト）は三段継ぎになっている。船腹も木製である。磁気観測のために特に木造船にした。マストは三本。煙突もある。

中年の男先生と二人の若い女先生の引率する小学生二十人ほどの団体が見学に来ていた。あとで、公園になっている堤防で整列させて、男先生が話をしていた。子供たちの持ち物はかごやビニールの手提げなど。

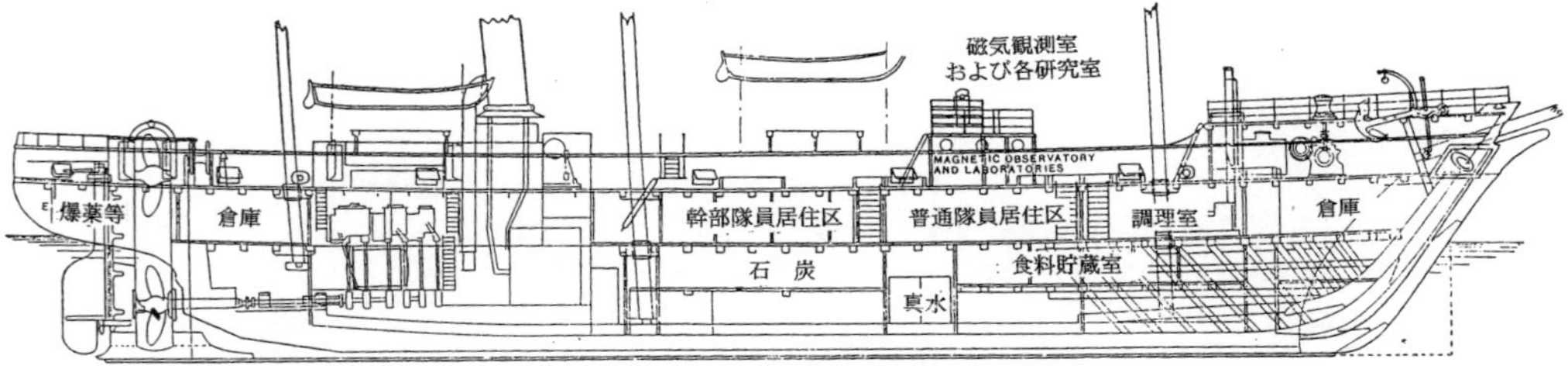

ディスカヴァリー号 縦断面図

Scale of Feet　0　5　10　20　30　40　50

縮尺　フィート　（1フィートは約30センチ）

登録トン数　485トン

スコット著『ディスカヴァリー号の航海』原著第一巻

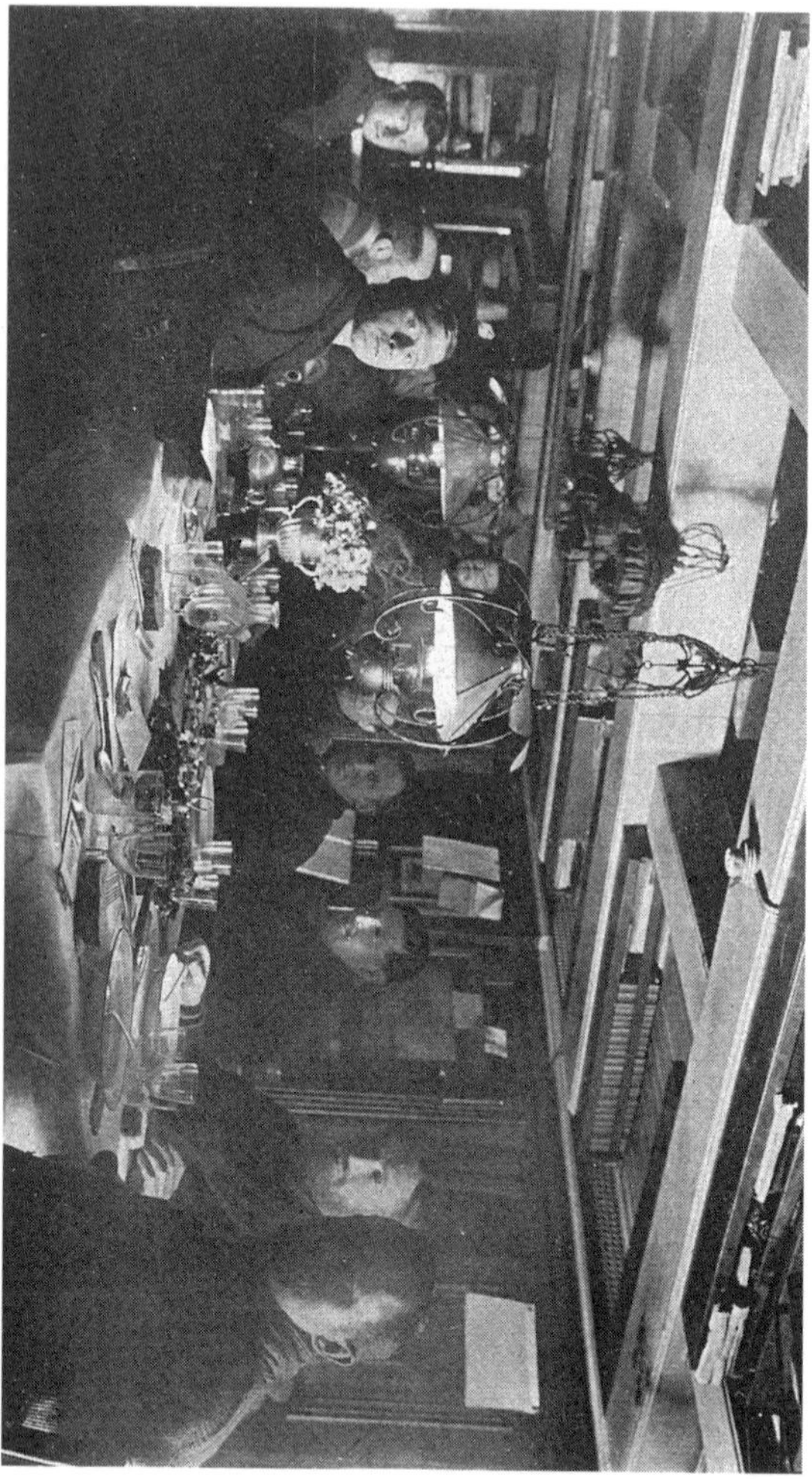

ディスカヴァリー号の船内　幹部隊員居住区
冬至祭の祝宴
スコット著『ディスカヴァリー号の航海』原著第一巻

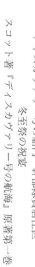

流氷の中のディスカヴァリー号
スコット著『ディスカヴァリー号の航海』原著第一巻

インターネットの情報によると、現在（二〇一七年）ディスカヴァリー号は建造された町ダンディー（スコットランド）で公開されているようである。

ちなみに、スコットの第二次探検の船テラ・ノヴァ号は、探検後は探検前と同じくニューファウンドランドでアザラシ猟に使用された。その後北大西洋で物資輸送に使われていたが、一九四三年にグリーンランド南西で氷のために破損して浸水し、乗組員が救助されたあと砲撃によって海に沈められた。スコットの探検からちょうど百年になる二〇一二年に、音響探索とカメラを下ろしての確認に

流氷の中のテラ・ノヴァ号　ポンティング撮影
スコット著『スコットの最後の探検』原著第一巻

よってその船が海底に発見され、スコットの探検に使われた由緒ある船として話題になった。

第一部　八　極地探検　愛国的冒険者たちの名声と悲劇

北極点初到達の謎

極地探検といえば、二〇世紀初頭の、南北両極点初列達の物語になるだろう。順序として北極から見ていこう。

北極地域への関心は、一六世紀に北ヨーロッパ人がアジアとの交易の近道を北の海に見付けようとしたことに始まったようである。そしてその活動に伴って北極点への関心が芽生え、一九世紀後半には北極点へ到達しようとする試みがなされるようになった。二〇世紀になる直前の一八九五年にノルウェーのフリチョフ・ナンセン（一八六一～一九三〇）が北緯八六度一四分まで達し、五年後の一九〇〇年にはイタリアのウンベルト・カーニ（一八六三～一九三二）が八六度三四分まで進んだ。

北極点への初到達は、アメリカ海軍の土木技師ロバート・ピアリー（一八五六～一九二〇）によって、一九〇九年四月六日になされたとされている。しかし、到達の初名乗りをあげたのはピアリーとは別のアメリカ人医師フレデリク・クック（一八六五～一九四〇）だった。そもそもクックは、ほかならぬピアリーのグリーンランド探検に加わることによって極地探検の世界へ入ったのだった。その後、彼は南極探検に加わったり、アラスカのマッキンリー山へ初登頂したりしている。

クックはカナダ北部のアクセル・ハイベアク島の北端を前進基地とし、そこから一九〇八年三月一八日に二人の北部グリーンランド原住民の若者だけを連れ、そり二台、犬二六匹の隊で北極点を目指して出発した。北極点までは氷上の直線距離で九六〇キロメートルほどだった。そうして三四日後の四月二一日に北極点に到達した。ピアリーの到達よりほぼ一年前である。

クックは帰りの旅では、途中から霧深い天候が続いて位置の観測ができず、前進基地へ帰り着けなかった。そして陸地へたどりついたあと越冬を強いられ、翌一九〇九年四月にようやくグリーンランドの基地アノアトクへ帰った。彼は自前の船を持たなかったので、帰国のときデンマーク船に便乗し、先ずコペンハーゲンへ着いた。そこで彼は王立デンマーク地理協会で国王臨席のもとに北極点到達について最初の公式発表を行なった。

一方ピアリーは、数度にわたってグリーンランドを探検し、北極点を目指す旅も一、二度試

クック（左）とピアリーの北極点到達の絵はがき
「地軸に星条旗を打ち立てた二人の勇敢なアメリカ人」
講談社『人物20世紀』

フリチョフ・ナンセン
ナンセン著『極北』英語版

ローアル・アムンセン
アムンセン著『探検家としてのわが生涯』英語版

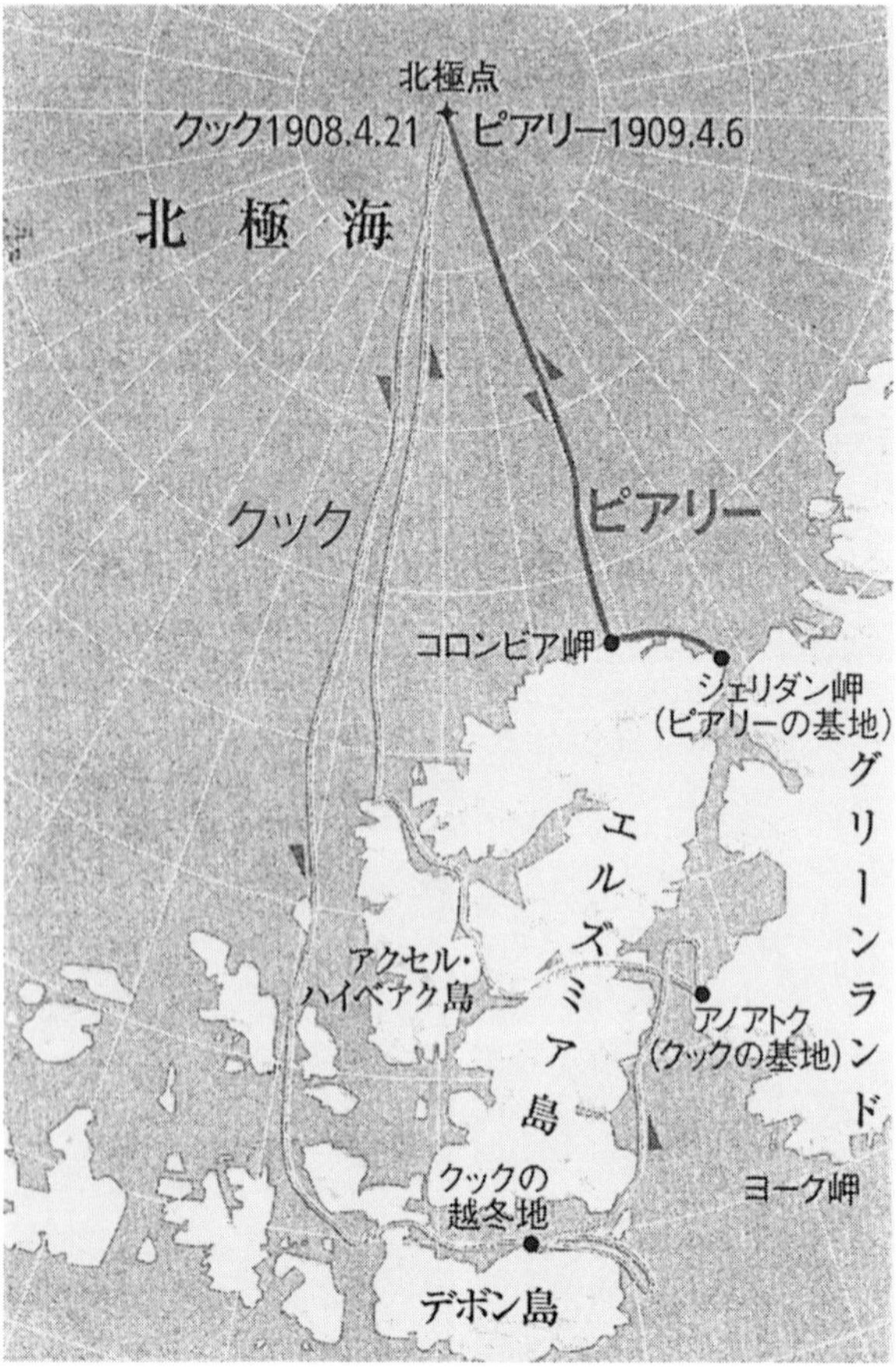

クックとピアリーの北極点到達経路
（『人物20世紀』）

みていた。そして最終的に、一九〇九年三月一日に、エルズミア島の最北端コロンビア岬から北極海の氷上を北極点目指して行進を始めた。そこから北極点までは直線距離で七六〇キロメートルほどである。彼の隊は北部グリーンランド原住民一七人を含む隊員二四人、犬一三三四、そり一九台の大部隊だった。進むにつれて支援班を帰らせ、八七度四七分からは六人で突進し、四月六日に北極点に到達した。

ピアリーは帰国の航海の途中でクックの到達のことを知った。ピアリーとしては、十数年にわたって北極地域で営々と積み重ねてきた努力の成果である栄誉を他人に奪われるのは許せなかっただろう。彼は直ちにクックの初到達を否定するキャンペーンを繰り広げた。そのため「クックかピアリーか」が大問題となり、世間の話題をさらった。

結局クックの到達が否定され、ピアリーの初到達が認められるようになった。ただ、ピアリーの到達も、その真偽について、当時から今日まで繰り返し問題にされている。

南極点初到達の栄誉と悲劇

北極点に続いて南極点も到達された。南極地域は海によって隔絶されているので、探検の始まるのは北極地域に比べて遥かに遅かった。二〇世紀に入っても南極大陸は周辺が切れ切れに発見されているだけだった（本書巻末地図A参照）。手付かずの南極大陸の内部へ史上初めて長距離の旅行をして（一九〇三年、本書一九〇ページ、巻末地図B参照）、いわば南極大陸の扉を開いたのはイギリス海軍のロバート・スコット（一八六八～一九一二）だった（A・チェリー‐ギャラード著『世界最悪の旅』原著、一九五一年版、五七九～五八〇ページ参照。中田訳六八一ページ）。その後、スコットの探検隊員だったアーネスト・シャックルトン（一八七四～一九二二）が、一九〇九年に南緯八八度二三分まで進み（巻末地図E参照）、南極点までは一八〇キロメートルを残すだけとなった。（一六〇キロメートルとするのは誤り。本書第一部二「一八キロか二〇キロか」参照）。

一九一〇年に再びスコットが南極へ向かった。このたびは地理的・科学的調査とともに南極点初到達も目標に掲げていた。当時、南極点到達を目指す探検隊はほかにはなかったから、成功すれば初到達の栄誉は当然手に入るはずだった。ところが、南極までの航海の途中、オーストラリアのメルボルンへ立ち寄ると、そこに一通の電報がスコットを待っていた。「マデイラ島。南へ向かっている。アムンセン。」というのであった（チェリー‐ギャラード著前掲書四一ページ。

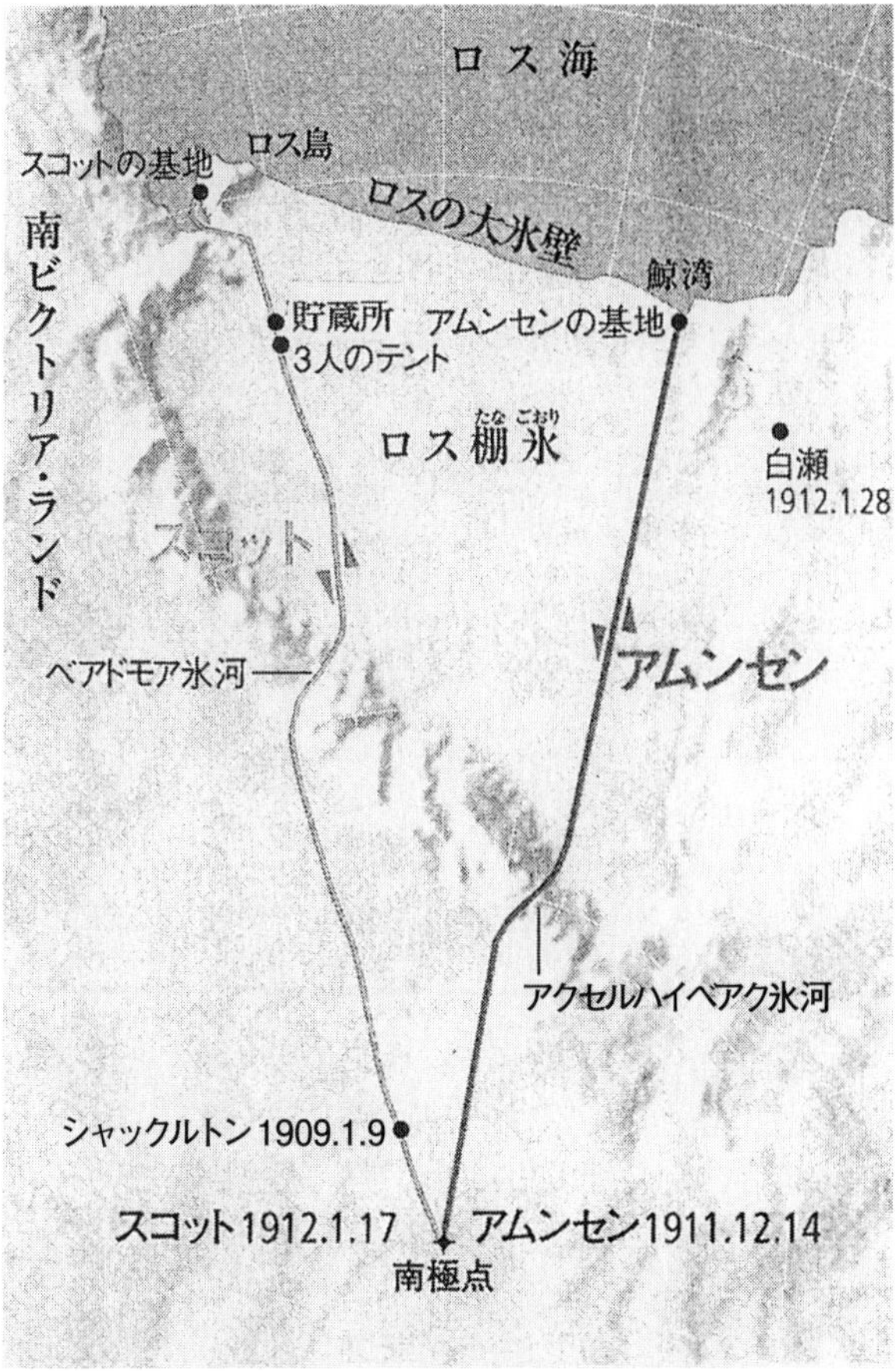

スコットとアムンセンの南極点到達経路
（『人物20世紀』）

中田訳一〇二ページ)。

ノルウェーのローアル・アムンセン(一八七二~一九二八)は、海上からだけではあったが、すでに南極探検の経験があり、また北極航路のひとつである北西航路の初通過に成功して非凡な極地探検家として知られていたから、その突然の南極探検の通告は、競争になることを知らず、したがって競争のための準備もなく出発してきたスコットには衝撃で、大きな脅威となった。

実はアムンセンは北極点へ向かうはずだった。しかしフレデリク・クックの北極点初到達が伝えられるや(一九〇九年九月一日。五日後にはピアリーの到達が伝えられた)、踏破による記録づくりを目的とする(本書一四九ページ参照)プロの極地探検家であるアムンセンは、直ちに目標を南極点へ切り替え、それを秘して準備を進め(本書一四九ページ参照)、国を出発したあとで公表した。このように出発の状況が異なることを考えると、アムンセンとスコットが南極点初到達で競争したように言うのはスコットにとっては実情ではないだろう。(本書二一〇ページ参照)

南極ではスコットとアムンセンはロス・バリア(ロス棚氷《たなごおり》。本書巻末地図B参照)の末端部の

大アイス・バリア（ロス・バリア、ロス棚氷）末端部の氷壁
『スコットの最後の探検』第一巻
高さは1902年にスコットが氷壁沿いに航海した時の記録によると、最高で約85メートル（280フィート）、最低（入江内）で5～6メートルだった。
スコット著『ディスカヴァリー号の航海』第一巻

西と東に六五〇キロメートルほど離れて基地を置いた。そして両隊はそれぞれ予定の極点旅行のルート上に貯蔵所を作ったあと基地で越冬した。一九一一年の夏が来て、一〇月一九日にアムンセンが鯨湾の基地を出発した。隊員は隊長を含めて五人、そり四台にグリーンランドのそり犬を一三匹ずつ付けた編成だった。南極点までは直線距離で一二六〇キロメートルほどだった。彼は人跡未踏の地城にルートを開拓しながら進み、五六日後の一二月一四日に南極点に到達した。そこでは位置の観測を特に念入りに実施し、到達を確実にした。それはクックとピアリーのことが頭にあったからでもあろう。

一行は順調な帰り旅をして、一九一二年一月二五日に一同元気で、残った犬一一匹とともに鯨湾へ帰り着いた（『南極点』原著第二巻。中田訳朝日文庫五二四ページ）。この少し前、日本の白瀬矗《のぶ》（一八六一～一九四六）の率いる探検隊がアムンセンの基地の近くに上陸して活動を始め、一部の隊員がアムンセン隊と交流した（『南極点』原著第二巻。中田訳朝日文庫五五五ページ）。

スコット隊はアムンセン隊より一三日遅れて一一月一日に、隊員一六人、雪上車二台、馬そり一〇台（満州ポニー一〇頭）、犬ぞり二チーム（シベリア犬二三匹）の編成で、ロス島の基地を出発した。極点までの直線距離はアムンセンより一二〇キロメートルほど長かった。一行はスコットの第一次探検とその延長であるシャックルトンの開拓したビアドモア氷河を登る経路を進んだ。そしてビアドモア氷河のふもとからは一三人の隊員で、四人単位の三チームで、一台ずつそりを引いて進んだ。

氷河からの人力のそり引き（人引き）は予想を超える厳しさだった。チェリー-ギャラードによると、人引きは伝統的にイギリス人の方式であった（『世界最悪の旅』原著一九五一年版）。途中で順次支援の隊員を帰らせ、最後に残った五人が極点へ到達したのは一九一二年一月一七

南極点でのスコット隊
オーツ大尉　スコット大佐　エヴァンズ兵曹
パワーズ大尉　ウィルソン医師
スコット著『スコットの最後の探検』原著第一巻
パワーズ、シャッターのひもを引く

日で、アムンセンより遅れること三四日だった。アムンセン隊に先を越されたことを知って、スコットは「失望の極みだ。忠実な隊員諸君にまことにあいすまない」と日記に書いた。

帰りの旅のそり引きは初めは南極特有の追い風を受けて順調な時もあったが、困難も少なくなかった。そして途中で二人の仲間を失い、残る三人も最後には何日も続くブリザードのためにテントに閉じ込められ、食糧が乏しくなり燃料が尽きて隊は全滅した（三月二九日がスコットの日記の最終日付）。

三人の遺体は七カ月余り後に、残っ

た隊員たちによる捜索で発見された。基地まではまだ二六〇キロメートルほどあったが、物資のある貯蔵所まではわずか二〇キロメートルほどのところだった。

国威宣揚と極地探検家

二〇世紀初頭の両極点初到達への関心は、当時のナショナリズムの気風の高まりと結びついていた（本書六一ページの、シャックルトンへの称号授与参照。南極大陸の扉を開いた〔本書一〇〇ページ〕スコットには与えられなかった）。そして、苛酷な自然条件に敢然と挑み、世界の果ての雪原に国旗を打ち立てて国威を宣揚する、というイメージによって、極地探検家たちは愛国的ヒーローとして栄誉に輝き名声を獲得した。

しかし極地へ彼らを向かわせたものは、根源的には、未知の極地の魅力に惹きつけられ、そこへの行動を起こさずにはいられない探検家気質であったろう。それはヒーローとして名を残した人たちばかりでなく、彼らに従い彼らを支えた人々も同じだったろう。彼らみんなの残した事績と記録には、時代の風潮を越えて、今もわれわれの心を躍らせる力がある。（樺山紘一他編『人物二〇世紀』講談社、一九九八年）

第一部　九　カーワンの極地探検史

ヘイズの本（本書六〇ページ参照）と同じく、イギリス人の書いた本で極地探検について日本で典拠にされるのが、L・P・カーワンの極地探検史で、加納一郎訳があります（本書「文献」参照）。カーワンはロンドンの王立地理協会のディレクター（会長？）という肩書を持つ人でしたから、そんな人の書いた本は権威があると思われ、典拠にされるのは自然なことです。ところがこの本も、ヘイズの本と同じく、ほかの部分についてはわかりませんが、スコットに関しては当てにならないようです。そのことに気付かれ、私に注意してくださったのは横山厚夫氏でした。

例をあげると、カーワンの本にこういうところがあります。「スコットは一月一七日に極点に到達した。そして同年一〇月三〇日にアトキンソン軍医の率いるテラ・ノヴァ号からの捜索隊がオーツを除く全員の遺体を発見した」（原著二九二～三ページ）。実際には捜索隊がスコットたちの遺体を発見したのは一一月一二日でした。一〇月三〇日は捜索隊が前進基地ハット・

ポイントを出発した日です。また捜索隊がテラ・ノヴァ号から出発したようになっているのも間違いです。テラ・ノヴァ号が南極へ来たのは翌年の一月一八日でした。カーワンはスコットの第一次探検（ディスカヴァリー号の探検）と第二次探検（テラ・ノヴァ号の探検）を混同しているようです。第一次探検では、船は越冬中も基地のハット・ポイントの湾（本書一三ページ参照）にとどまっていて、宿舎にもなっていたからです。もう一点、カーワンは捜索隊によって発見された遺体が「オーツを除く全員のもの」だった、としていますが、オーツよりも先に亡くなったエドガー・エヴァンズの遺体も当然ありませんでした。

また、別働隊（北部隊）に科学的性格を与える点でカーワンは間違っています。カーワンはこう書いています。「事実、スコット探検隊の研究――生物学、地質学、気象学、および地球物理学――は、スコット記念基金からの資金によって数巻の本に出版され、南極科学の新しい画期的業績となった。この巨大な出版物の内容となった科学調査の多くは、キャンベル大尉指揮のスコット隊の北部隊によって実施された」（原著二九五ページ）。このうち「キャンベル大尉指揮の……北部隊によって実施された」は間違いです。北部隊は隊員六人のうち科学者はプリーストリー一人だけであり、隊の主目的は科学調査ではなく、エドワード七世ランド（本書巻末地図B参照）へ行った場合にはその地域の性格と広さを発見することであり、アデア岬地域（地図A、B参照）へ行った場合にはノース岬（地図A参照）より西の未探検の沿岸を探検することでした。（『スコットの最後の探検』原著第二巻）

「巨大な出版物の内容となった科学調査の多く」を実施したのは、北部隊ではなくエヴァンズ岬を基地とした本隊の科学者たちでした。その主なものを見ると、シンプソンの気象観測、ネルソンの海洋調査、ライトの重力の観測、ウィルソンらによるエンペラーペンギン調査、テーラーらによる第一次・第二次の西部山岳地域（本書巻末地図B、七六ページ写真のサウス・ヴィクトリア・ランド）の地質・地形学的調査などがあります。（『スコットの最後の探検』原著第二巻）

いま一点、カーワンのデータの間違いをあげると、本隊のバワーズたち三人が貯蔵所旅行の帰途、海氷の上を通っていたとき馬を三頭失ったのですが、カーワンは六頭失ったと書いていて、間違っています。貯蔵所旅行全体で六頭失ったのでした。このようにカーワンの本はスコットの探検については間違いが多く、典拠になりません。

第一部　一〇　極地探検記の翻訳

一九八六年に『スコット南極探検日誌』として、スコットの第二次南極探検の日記の翻訳を出し、そのあと、ノルウェーのアムンセンの『南極点』（一九九〇年）を経て、このほどアメリカのピアリーの『北極点』（一九九三年）まで、続いて三冊の極地探検記を翻訳した。（ドルフィンプレス刊）

私は職業として英語を学生に教えてきた。その英語が元来イギリス人の言葉であることから、彼らイギリス人のひとつの大きな業績である探検とその記録にも関心を抱くようになった。日本でも知られていて話題になることもある南極探検のスコットとこの関心が結びついたのが始まりだったように思う。

スコットの第二次南極探検については『世界最悪の旅』という本の邦訳がすでにあった（加納一郎訳、朋文堂、一九四四年）。ただ、この本は一隊員から見た記録であり、スコット自身による記録はまだ訳されていなかった。イギリス文学には日記文学の伝統があり、私はスコットの南極探検日記はその伝統につらなるものだと考えていた。事実、その日記は一九一三年の初版以来途切れることなく出版され、記録文学の生きた古典となっている（本書四八ページ参照）。そういう思いからその翻訳を試み始めたのだが、出版に至るまでの事情を訳書の「あとがき」に見てみると、次のようになった。

スコットの南極探検に私が関心を抱くようになったのは、いまではずいぶん古いことで、漫然と興味を持ち続けるうちに、やがてこの第二次探検の日記にたどりついたのでした。右にも書きましたように、この日記には部分的にすでに翻訳があります。しかし南極探検史で指折りの一次資料であり、優れた記録文学でもある点で、その全訳があってもよいのではないかと考え、出版のあてのないまま、その仕事に取り掛かり、少しずつ進めてきたのでした。そして幸いにもドルフィンプレスで私のそういう考えに共鳴してくださり、私の思い通りの本にして出版してくださることになったのでした。そのドルフィンプレスからの出版への機縁となったのが、同社から出版された一冊の本——学生時代の師のお一人、福田陸太郎先生の、味わい深い随筆集『いくたびか夏過ぎて』——を手にしたことで、同書がもたらした僥倖がなければ、この訳書が日の目を見るのは容易でなかったはずです。

さて、スコットの日記を読み始めると直ちに感じられるのは、けれんのない筆致による克明な記録ぶりだろう。目的の南極点へ到達しながら（一九一二年一月一七日）、そこにノルウェー国旗が立っているのを見付け、失意の帰途、一行五人が全滅するという悲劇は広く知られているが、それに至るまでの記述には、状況によって揺れ動く書き手の心情が率直に記されている。「偉人」というようなものとは違って、私たちと同じく弱点もあるひとりの人間が、日々を精一杯に生きていく姿が浮かび上がってくる。

この翻訳は初めイギリスの日記文学として紹介しようとしたものだったが、出版されてみると、南極探検記録として受け取られたので、それでは、ということで、アムンセンの南極探検記録の翻訳もしてみようという気持ちになった。多数の犬を犠牲にしてのことだったが（本書一四九ページ参照）、全行程を未踏のルートによって、悠々と南極点初到達を果たした（一九一一年一二月一四日）アムンセンの記録『南極点』は、探検成功後、時を置かず書かれたもので、成功感を反映して、いかにも明るい感じの記録になっている。そしてイギリスのシャックルトン隊による、当時の人類到達の最南点（南緯八八度二三分）を越えた時の場面や、極点での祝宴の情景など、感動的で印象深い描写も少なくない。ちなみに、アムンセンの目標は本来は北極点だった。ところがその北極点初到達がピアリーによって果たされてしまったため、ひそかに目標を変えて南極へ向かったのだった。（本書一四九ページ参照）

アムンセンはもとより、スコットの運命にも大きくかかわったそのような因縁があることから、ピアリーの『北極点』も続いて翻訳することにした。ピアリーは、グリーンランドで数度の重要な探検をしたあと、北極点へ挑み、三度目の試みでついに到達を果たした（一九〇九年四月六日。ただしその到達は今は認定されていない）。失敗にめげず、困難な目標に向かって繰返し挑戦する強靭な精神には感嘆せざるを得ない。人の住む地域から隔絶されている南極と違い、グリーンランドに住む人たちの助けを借りての探検だったから、その人たちの生活、風俗などの描写が加わり、その点でも興味深い。

これらの、いわば極地探検の三大古典（本多勝一氏）は、探検記録であるにとどまらず、厳しい自然条件の中で奮闘した人々の得難い人間記録でもあると言える。（『北海道新聞』一九九四年六月七日夕刊）

ところで、スコットとピアリーの原著は私の専門である英語で書かれているが、アムンセンの『南極点』の原著はノルウェー語で書かれているので、そこをどうするか、という問題があった。その事情を訳書の「あとがき」を元に書こう。

アムンセン『南極点』の翻訳について

この仕事は最初は英語訳版からの翻訳でひとまず満足することにして取り掛かったのでしたが、仕事を進めるうちに英語訳に疑問を感じ、どうしても原著を参照する必要を感じるようになり、それを探し始めました。私の勤務先の静岡県立大学の付属図書館へお願いして、国内の大学付属図書館や公立図書館で所蔵されていそうなところを調べていただいたり、また在日ノルウェー王国大使館公報部から教えていただいたノルウェーの書店、古書店へ問い合わせたり、フラム号博物館へ問い合わせたりしましたが、いずれも成功せず原著には近年の版がないらしく、入手は容易ではないことがわかりました。（いま考えてみると、本国で読まれていないということになります。）その時まことに折よく助け船を出してくださったのは小松原哲郎氏で、物理学研究のためにデンマークへ留学された氏が、研究生活のあいまに古書店をまわって探し、先ず原著二巻のうち上巻を入手して送ってくださいました。早速英語訳版と比べてみますと、両者は章分けや段落や数量単位が相違しているばかりか、本文の内容そのものが予想外にいろいろと相違していることが判明し、結局、原語版を元にした翻訳でなければならないと悟ったのでした。まだ見付かっていなかった下巻については、イギリス図書館（The British Library）から部分的に取り寄せたマイクロフィルムの複写を使用していましたが、それから半年後、小松原氏がついに下巻も揃ったコペンハーゲン版の原著を見つけて下さったのでした。

一方、イギリス図書館と同時に問い合わせを出したのに、一向に返事がなく、あきらめていたオスロ大学図書館から、リサーチ・ライブラリアン、ヨーン・ダール氏の名で、私の注文の二〇〇ページ分のマイクロフィルムはかなり高くつくので、代わりに古書を探していたところようやく見つかり、その方が安いがどうするか、という驚くほど親切な知らせが届きました。直ちに送ってもらい、そのクリスティアニア（オスロ）版とすでに使用していたコペンハーゲン版とをページごとに対照したところ、図版の場所が違うだけで、本文は完全に同じでした。発行の場所は違いますが、印刷所は両者とも同じになっていて、両版はクリスティアニアで同時に印刷されたと考えられます。ダール氏はまた、アムンセンの時代に近い年代の辞書（ノルウェー語＝英語辞典）をプレゼントとして送って下さり、その他有益な知識・情報をいろいろと提供して下さった。このような支援があって出来たのがドルフィンプレス版の『南極点』です（一九九〇年）。

ノルウェー語について私のにわか仕込みの未熟な知識をカバーしてくださったのは『エクスプレス・ノルウェー語』（白水社、一九八七年）の著者、東海大学教授横山民司氏です。横山教授が面識のない私からの度重なる質問に懇切に教えてくださったからこそ、この翻訳が出版できるまでになったのでした。

翻訳の作業では、英語訳とドイツ語訳を参照しました。英語訳版は初めは近年の復刻版を用いましたが、その後元版の複写を使いました。その複写を立派に製本して私に恵与されたのは本多勝一氏でした。実は本多氏も当時アムンセンのこの記録の日本語訳に取り掛かっておられ、教育社から出版の予定もできていたようですが、偶然のことから同じ仕事を私が進めていることがわかると、直ちに譲ってくださったのでした。ドイツ語訳は国立国会図書館蔵本の複写を用いました。その入手には静岡県立大学付属図書館のお世話になりました。ドイツ語についてては静岡県立大学で同僚だったドイツ語ドイツ文学担当の服部精二氏の支援を受けました。ドイ

乾パンを荷箱に詰めるアムンセン隊のヨハンセン
『南極点』原著第一巻

ツ語訳によって意味が明確になったところがあります。

その後、日本語訳『南極点』が朝日文庫に入ることになり、その機会にアムンセンの原稿（複写）を入手することによって訳文の手直しをすることが出来ました。特に、記述が写真で見る感じとは違うので疑問として残っていた乾パンの荷箱のサイズ三〇センチを五〇センチに修正することが出来ました。原著の記述の間違いでした。『南極点』の原稿複写は現在国立極地研究所アーカイブ室に所蔵されています。原稿の所在について情報を提供されたのはノルウェー国立極地研究所教授の太田昌秀氏でした。太田教授はほかにも少なからず関係の知識・情報を提供されました。原稿の複写を提供されたのはオスロ大学図書館で、その入手には静岡県立大学付属図書館の支援があり、そして同図書館に再複写が一セット所蔵されています。ほかに本多勝一氏に再複写一セットを複写実費負担で提供しました。

A・チェリー‐ギャラード著『世界最悪の旅』の翻訳について

二〇一七年に、アプスレー・チェリー‐ギャラード著『世界最悪の旅』の翻訳を出しました（オセアニア出版社）。これについて翻訳・出版の事情を同訳書の「訳者あとがき」などを元にまとめておこうと思います。

（一）この翻訳は学友の小出二郎氏（元『英語青年』誌・研究社・編集者、元東京家政大学教授）の勧めがあって生まれたものです。原著は私の好きな本でしたが、ただ、この著作にはすでに加納一郎氏の翻訳があるので、初め私は新たな翻訳は不要だと言っていました。しかし数年するうちに、ある人の文章で加納訳からの引用に出合い、それに少し疑問を感じ、元の訳文を確かめた結果、加納訳には原文の意味の取り方が私と異なるところが少なからずあることがわかり、また、所々に訳されていない部分と原文にはない記述（単語あるいは二、三行）があることに気付き（使用原著が異なるためではない）、それならば私が新たに訳しても参考になるだろうと考え直したのです。そして翻訳を勧められた小出氏が、自ら原著を精読したうえ、私の訳文を厳密に点検して、修正案を多数提供され、それによって、実質的には小出氏との共訳ともいうべきこの中田訳が出来ました。

出版はドルフィンプレスで予定されていたのが事情でそれが不可能になり、一時頓挫していたところ、幸運にもオセアニア出版社で引き受けてくださることになり、そして同社の編集部では校正を何度でも認めてくださったうえ、晴れて日の目を見ることができたという次第です。それも原著初版に可能なかぎり近い本を、という訳者の願望をかなえてくださり、多数の図版もすべて、原図とみまがうばかりの複製で収載され、これはこの本の原著でもほかのどの版でもないことだと思います。（アメリカのダイアルプレス版では図版はすべて収載されているようですが、パノラマ図版は質的に別物のように劣っています。）製本は糸綴じで開きやすく同時に堅牢な本になっており、表紙は原著一冊版に倣った紺色のバックラム製で、ジャケット（カバー）のデザインも原著一冊版に倣ったものです。このようにていねいに、内容にふさわしい体裁の本になっていることは訳者の喜びで、出版社の配慮に謝意を表します。

（二）「ライフワークと近況」。ライフワークですが、もちろんそんな大それたことをしているわけではありません。いつまでたっても仕上がらないひとつの翻訳の仕事を茶化して「自称ライフワーク」と称して、友人知人に言い触らしているのです。それが「おおとり会」まで聞こえていったようで、表題のような注文が舞い込むことになったようです。翻訳しているのは『世界最悪の旅』という題の本で、スコットの第二次南極探検のことを隊員の一人が詳細に記録したものです。一九二二年の初版以来ロングセラーを続けていて、この分野の生きた古典になっています。初版二冊で六八〇ページほどあります。

ところで大学では、私は本務の外国語科の英語のほかに、英文学の専門科目も一、二担当して、その時間には詩を読んでいました。また、フィリップ・シドニという人の詩を訳して『シドニ詩集』という本を出したりもしましたので、詩と南極探検はあまりにかけ離れていて、いったいどうして？　という感じを持たれる恐れがあります。今度たいへんよい機会を与えられたので、ちょっとその説明をします。英語や英文学の教員にはイギリスやイギリス人のしたこと、していること、何にでも興味のある人が少なくないようです。そういう人々の大先輩に東大教授だった中野好夫という人がいます。中野氏は英文学の著述と翻訳のほかに『アラビアのローレンス』と『南極のスコット』という本を書いています。そして実はスコットや一部の隊員は南極でそり引きの旅にブラウニングやテニスンなどの詩集を携行していました。たしかに、元来、詩と探検はイギリス人の著しい特質です。それやこれやで、英詩と南極探検は私にとっては両者が混在して矛盾がないのです。

それで、自称ライフワークはと言いますと、大学を定年退職してから始め、数年前にひと通りの訳が出来たのを、いま初めから原文と対照して修正する作業を繰り返しているのです。何回か繰り返して、もういいはずと思っても、やってみると、まだ修正が出てきます。粗雑なんですね。しかし自分が進歩しているということもあるようです。ときどき辞書（オックスフォード英語辞典、いわゆるＯＥＤ）を確かめながら、少しずつ、休み休み、ティータイムをしながら、時には探検隊にならってココアを入れたりしながら、それを続けているのが近況ということになります。ではみなさんお元気で。（静岡女子短期大学・静岡女子大学同窓会『おおとり会だより』平成二二年（二〇一〇年）四月一七日発行）

右のような作業を定年後二〇年あまり、ほぼ毎日続けて、ようやく、これくらいかな、という状況になり、出版に踏み切ったのが、オセアニア出版社版『世界最悪の旅』です。

まことに幸いなことに、日本極地研究振興会でこの翻訳を同会の機関誌『極地』の書評欄に取り上げてくださり、東京都立大学名誉教授、岩田修二氏執筆による充実した書評が『極地』誌に掲載されました（第五四巻第一号。二〇一八年）。それをここに再録させていただくことにします。（原文横書き）

名著としての評判が高く、よく読まれている『世界最悪の旅』の新訳が出た。この本は、スコットの第二次南極探検一九一〇―一三年（「テラノバ」探検）の全貌、とくに、スコットたち、極点隊の苦闘と悲劇の詳細を描いたもので、七〇年以上前の一九四四年に加納一郎氏によって翻訳され、名訳として現在でもよく読まれている。今回の新訳は、英語・英文学者で、極地探検記の古典を次つぎに翻訳されている中田修氏によってなされた。中田氏は一九八六年に『スコット・南極探検日誌』を、続いて一九九〇年にはアムンセンの探検記『南極点』を翻訳した。

その後、一九九八年にスコットの南極探検の全貌を明快にまとめた解説書『南極のスコット』を執筆された。これには、『世界最悪の旅』からの引用も多く、関連する各種文献・資料を克明に参照しておりスコット隊の真実がよく把握できる。また『世界最悪の旅』のかなりの部分は『スコット・南極探検日誌』からの引用である。このような経緯からいって、中田氏が『世界最悪の旅』を全訳するのは当然であり、訳者としてもっともふさわしい。

『世界最悪の旅』の内容や意義、出版の経緯は、加納訳の教育社版や朝日文庫版の解説にくわしく書かれているので繰り返さない。ここでは、加納訳と中田訳とのちがいを取りあげて紹介する。

今回翻訳されたのは一九二二年刊の初版本である（加納訳は第二版一九二三年のアメリカ刊一九三〇年版による）。中田氏は初版をなるべく忠実に復元するように努めたという。初版のすべての図版や索引も収録された。アメリカ版では省略されたウィルソンによる横断山脈の山岳パノラマ＝スケッチ画がのこらず収録されているのはうれしい。さらに、一九三七年版のはしがきと、一九五一年版の追記（一九四八年に書かれた）が加えられている。

この本の特徴のひとつは、訳者による充実した付録が加えられていることである。それらは

①チェリー‐ギャラードの年譜、②隊員リストと集合写真、③橇曳きポニーとイヌのリスト、④単位換算表、⑤関連する地図、探検船見取図、冬営宿舎図、⑥関連文献リスト、⑦極点旅行行程表、⑧用語説明（全一八ページ：索引もかねる）である。新訳は、初版を再現したため、加納訳に掲載されている他書からの写真は掲載されていない。しかし、それらの一部は、この用語解説で使われている。

本文をみよう。最大の特徴は、ほとんどのページ末尾に訳注が書かれ、読者の理解を深めようとしていることである。それらの訳注のおもな内容はスコットや隊員の日記や書簡などから得られた情報による補足説明や原著の修正である。

訳注による詳細な補足説明の例を挙げよう。極点隊と支援隊がビアドモア氷河を登りきったところのクレバス帯で、支援隊のラッシリー隊員がクレバスに落下した。「そりも何もかもが落ちてゆくのではないかと少々心配したが、運よくクレバスは斜めに走っていた」という本文に対する訳注には「運よく、というのは、そりの進行方向に近い方向ではなかったからと思われる。『そりは両端がわずかにかかって、かつかつ深淵をまたいだ』（エヴァンズ大尉の著書）。そりの長さは一二フィートあった」（四六四ページ）と書かれている。ちょうどその日は、落下したラッシリーの誕生日だった。「ともあれエヴァンズ氏とバワーズとクリーンとで僕を引き上げてくれ、クリーンはぼくに誕生日おめでとうと言ってくれた。もちろんぼくは作法どおりお礼を述べると、みな声を立てて笑った」とラッシリーの記述が本文に書かれているが、これに対する訳注には「誕生日のお祝いの決まり文句は、文字通りの意味では、幸せなこの日があなたに何回もめぐってきますように、となる。『ラッシリーの答えは文字にはできない』（エヴァンズ大尉の著書）」と書いてある（四六七ページ）。この訳注がなければ「みな声を立てて笑った」の意味は日本人には理解できない。上の下線部分の加納訳は「クリーンは幸運な生還を祝ってくれた。僕はこれに対しいんぎんに礼をいった」（教育社版三五六ページ、朝日文庫版六五三ページ）となっており、誕生日と関わることは訳されていない。この例のように中田訳には、スコット探検隊関連の諸文献に精通した英文学者でなければ書けない注記が満載されている。

これらの注によって、これまでのチェリー - ギャラード像が覆された面がある。第一は、チェリー - ギャラードは、オックスフォード大学で古典と歴史を専攻した文学士であり、生物学者ではないこと、第二には、チェリー - ギャラードの記述には、思い込みやチェック不足によると思われる誤記が多いことである。これは、訳者による広範な関連文献とのクロスチェックによってあきらかにされたことである。

このように、今回の新訳は、中田氏のこれまでの極地探検記の翻訳経験と長年の南極研究の成果の結晶であり、スコット隊の真実、さらには、南極探検の英雄時代の詳細を知るための、またとない資料の提供となった。

中田氏は、なぜ、この本をあえて、あらたに翻訳しようと思ったのか。訳者あとがきで、加納訳には、①自分の訳と異なる部分が少なからずある、②全訳ではなく省略がある、のが理由であると述べている。

①の訳のちがいは、詳細に対照したのではないが、気がついただけでも多数ある。まず、固有名詞のカタカナ表記の違いがある。もっとも目立つのは著者名である。加納訳のチェリー・ガラードが中田訳ではチェリー‐ギャラードとなった。中田氏も『南極のスコット』ではチェリー‐ガラードとしていたが、今回の訳では変わった。イギリスでの発音に近づけたのだろうか。

細かい訳語のちがいや表現のちがいは多数ある。操帆作業に関することや、ちよっとしたエピソード（英国の事情など）に多い。後者は、加納氏が翻訳した時代（英国事情などがよく理解されていなかった?・）からみて当然であろう。筆者（岩田）は、英語原文と対照したわけでもないし、訳の正誤を判断する能力ももちあわせないが、前後のつながりから加納訳が誤訳であると思われる場合がかなりあった。加納訳の意味不明部分が明瞭になったケースが少なくない。

筆者が関心をもっている地質に関することで一例を挙げると、加納訳では「これらの岩石の擦痕をみたいものだが」（教育社版三五〇ページ）となっており氷河擦痕を連想させるものとなっていたが、新訳では「それらの岩石をあちこち欠き取れたらよかったのだが」（四五九ページ）と変わった。

訳のちがいが重要な事実関係に係わる例を挙げよう。スコットたちの遭難にかかわるとくに重要な時点は、一九一二年の三月九日前後である。このときに、苦難の帰還旅途中のスコットたち四名はフーパー山デポに到着した。そのときフーパー山デポから約六三マイル北の一トンデポには救援隊のチェリー・ギャラードがいた。このときのチェリー・ギャラードの行動について、中田訳は「残る二日には、途中で極点班を見付け損なうかもしれないのを承知で、一日南へ進んで引き返すことは、やればできただろう。わたしは補給所にとどまることに決めた」（五〇九ページ）であるのに対し、加納訳は「あとの二日のうち一日は南方に向かってすすんだが、どうも途中で行きちがいになりそうだったのでひき返して、かならず出合うことのできるデポにとどまることに決定した」（教育社版三九〇―三九一ページ）となっており異なっている。下線部のちがいは、救援にかかわる隊長の行動だけに重要である。

②の省略に関しては、加納訳で大きく省略されている部分は、中田訳のP654―657のアデリーペンギンの生態観察の部分と、P660―662のトロールによる海洋生物の記述の部分である。ほかに一、二行の未訳部分はかなりある。二か所大きな省略は、加納氏が翻訳した当時は戦時下で紙が配給制だったので、全体の長さが制限されていたからではないかと推定する。

ところで、上記では加納氏の翻訳の問題点をいろいろ指摘することになった。しかし、改めて読んでみても、加納氏の訳文には古さが感じられないし読みやすい。さすがに文章にうるさい加納氏である。原文にはない見出しが付けられているのも内容の理解を助けている。とはいえ、この新訳の出版を一番喜んでいるのは、加納氏自身ではないかと思われる。というのは、名作は一〇年～二〇年ごとに翻訳されなおすのが日本でのならいであると加納氏は述べ、つづけて『世界最悪の旅』もこのような意味で、おなじく読まれるならば、新しい時代の、若い人の手になる訳文によって読まれるべきであると思うのに、三〇年来の古い訳文が今なおそのまま版をかさねているのは、訳者としてまことに気はずかしい」(『山・雪・森　霧藻庵雑記』岳書房一九八一：二六八ページ)と書いているからである。

最後に、中田氏によるこの「あらたな全訳」出版の意義を強調したい。悲劇に終わったスコットの第二次南極探検は、最初の本格的南極科学調査であり、その科学班助手の個人的報告である『世界最悪の旅』からは、この探検の学術的行動がよく理解できる。チェリー‐ギャラードの執筆意図は批判的意見も含めた公正な報告の提示であった。そして、この本は、読むものの精神を高揚させる。血湧き肉躍る記録文学の最高峰であると世界中から認められた。そのすべての内容が的確な日本語でくわしい注釈とともに読めることは、なんと幸せなことか。中田氏の努力に心から感謝する。

第一部　一一　中田著『南極のスコット』について

『南極のスコット　雑記』というのが本書の表題ですが、「雑記」ではない私の『南極のスコット』（清水書院、一九九八年）のことも書いておくのがよいように思われます。そのために同書の「まえがき」と「結び」をここに再録します。そして『南極のスコット』執筆事情を加えることにします。

『南極のスコット』「まえがき」

南極探検をしたスコットの名は日本でも知られていて、新聞や雑誌その他に現われることが時々ある。しかしこの人の事績で主として話題にされる第二次南極探検の記録が日本語に訳されていないことを知り、先年、私はそれを訳して『スコット南極探検日誌』として出した（ドルフィンプレス、一九八六年）。

そういう翻訳をし、またいくらか関連の本を読んでもいたが、私はまだスコットの探検行動を全体にわたって把握するには至っていなかった。そしていつかスコットの事績をいくらか系統的に知っておきたいと思っていて、今度それを試みる機会を与えられた。

そういう次第で、この本はスコットの評伝でもなく、またスコットの業績や行動の論評でもなくて、単に、スコットの探検をスコットおよび彼の隊員たちの残した記録を主な資料としてまとめた、いわばレポートにすぎない。しかし、それだからかえって、スコットあるいは極地探検に関心を持つ人に参考になるのではないかとひそかに期待している。

ところで、この本は「人と思想」というシリーズに入っている。しかしスコットの場合は、人については本人の日記や行動をともにした隊員たちの記述を頼りに、ある程度までは見ることができるが、主として行動の人であった彼を思想の面で取り上げることは難しいように思われる。したがって、この本は、このシリーズには半分不適格であるが・たまたま毛色の変わった一冊がまぎれこんだということで許していただければ幸いである。

『南極のスコット』「結び」（抄録）

さて、スコットは南極の雪原に果てたが、それが単なる遭難死ではなくて、アムンセンの予想外の出現によって南極点初到達の栄誉を持ち去られたという特異な状況を伴っていたために、悲劇性が高められて人々の心に強く訴えた。

特にスコットの生国イギリスでは、繁栄を極めた大帝国もすでに衰退のきざしの見えていた時だけにかえって、愛国心の象徴として、また当時イギリス人が自分たちに特有の美徳と考えていた勇敢、毅然、堅忍、不動などの体現者として、同時に、悲劇的敗者を好むイギリス人の国民性（D・プレストン）に投じ、実際とは無関係に、彼はたちまち理想化され英雄視されるようになった。そして、当時のイギリスの国際的影響力もあずかって、そういうスコット像が世界に広まっていった。

そのため、南極点初到達の栄誉を担うアムンセンの業績がややもすると正当に評価されない状況が続いたようである。もちろん、極地を踏破する力量ではスコットはアムンセンに及ばなかった。アムンセンがその分野でいわばプロであったのに対し、スコットはアマチュアであったと言わねばならない。もっとも、極地探検をした人々は、それまでもその当時も、ほとんどはアマチュアであって、アムンセンは例外的な人だったと言えよう。

近年、アムンセンを正当に評価しようとする中で、二人の優劣がいろいろと検証され論じられている。そして、ローランド・ハントフォードのように、スコットを最低の極地探検家の一人と断じている人まである。スコットは力量においてアマチュアであったということのほかに、人間的に弱点があり、リーダーとしての資質にも足りないところがあったかも知れない。また、当時のイギリスの帝国主義の風潮やスコットの所属していたイギリス海軍の非能率、事大主義から逃れられなかった、と言うこともあるかも知れない。

この本で私はスコットを論評し評価する意図はなかった。ただ、彼の事績をひととおり調べ終わっての感想を言うならば、スコットは南極大陸の地理的探検とそこでの科学調査の両方を初めて本格的に実施したことで、南極の探検・調査の歴史に逸することのできない人である、ということになる。また、探検・調査の業績とは別に、彼の探検隊はわれわれの想像の世界に糧となるものを豊かに残していて、それによって生き続け語り継がれていくだろうと考える。

『南極のスコット』執筆事情

『南極のスコット』を書くことになった事情を記して置こうと思います。先ず、この本は自分で書こうと考えて書いた本ではなく、依頼されて書いた本だということです。依頼者は清水書院の当時の社主、清水幸雄氏です。清水氏は長年スコットに好意的な関心をお持ちだったようで、ロンドンのテムズ河に係留してあったスコットの船ディスカヴァリー号を見学されたりしたとのことです。そして『南極のスコット』という本を出版したいと考えておられ、適当な著者を求めておられたようです。たまたま私の学友の倉持三郎氏が、私が『スコット南極探検日誌』を出していることで、私を清水氏に推薦してくれられたのです。そういうことで、清水氏から打診があって、やってみましょうと私が返事をしたあと、清水氏から直筆の懇篤な依頼状が届くことになりました。その依頼状を次に記録して置こうと思います。

拝啓

先日は唐突に人と思想「南極のスコット」に就き御執筆のお願いを申し上げ大変失礼を申し上

げました。長く以前より考えておりましたこの主題につき倉持三郎先生にご相談を申し上げ今般中田先生を御紹介預きました次第でございます。人と思想「南極のスコット」（タイトルは是非この様にさせて頂き度く存じ上げます）は、数ある英国人の探検の中で精神性の高いテーマと思われます。是非このテーマを人と思想双書の中で先生の御高配を賜り度く、よろしくお願いを申し上げます。別便にて数冊の見本をお送り申し上げます（みな文学関係ですが）。この「人と思想」双書は高校生、大学生を対照といたします教養書であり単なる解説書ではなく、思想を軸といたしました全体像でございます。分量的には本文だけで四百字原稿用紙で二八〇枚となります。この他に図版写真が三〇枚くらいと巻末に年表と参考文献が付きます。御脱稿期は二年後位を御考え下されば結構に存じます。是非御検討下さります様。御公務御多忙のところ誠に恐縮に存じますが、伏して御力添への程お願い申し上げます。

（中略）

大変御多忙のところ身勝手な事のみお願い申し上げ御迷惑とは存じますが何卒今後共格別なる御高配を賜ります様伏してお願い申し上げます。

敬具

一九九三年一月二十八日　清水幸雄拝

中田修先生　御机下

スコットの南極での日記には、確かに、清水氏の言われる精神性が感じられます。しかし「スコットの思想」ということになると、そんなことが書けるだろうかと、とまどいを感じたので、その点を清水氏に打ち明けたところ、「思想」を特に気にせずに書いてもらってよい、ドキュメントとして書いてもらってかまわない、と清水氏からていねいな返信を頂いた。そうして出来たのが『南極のスコット』（清水書院）です。

第二部　スコット（隊）批判の点検

第二部　一　科学は言いわけ

「スコット隊は『科学的調査にも大きな比重をおいている』といばるけれど〔中略〕これは極点競争でアムンセンに敗れた言いわけのように聞こえる」ということが『本多勝一集28 アムンセンとスコット』（朝日新聞社一九九九年）に書かれています。（二七九ページ）

しかしスコット隊がそういうことを言っていばっている、ということの出所は書いてありません。私はスコット隊についていろいろ調べていますが、スコット隊によるそういう言葉や態度の記録に出合ったことがありません。『本多勝一集28』では、事実でないことを創作して、それを根拠にスコット隊を批判しているように思われます。

スコットは極点へ着いてアムンセンの先着を知ったとき、日記（一九一二年一月一八日）にこう書いています。「先着者たちが徹底して目標を確認し、完全に計画を遂行したことにいささかの疑いもない。」このようにスコットはきっぱりと敗北を認めています。そして敗北の言いわけに科学のことを持ち出したりしてはいません。（『スコットの最後の探検』原著第一巻五四六ページ。中田訳『南極探検日誌』三五五ページ）

このときスコットに同行していた医師・科学者のウィルソンも科学を敗北の言いわけにしてはいません。ウィルソンは日記にこう書いています。「極点先着を主張する権利が彼〔アムンセン〕にあることは、われわれは一致して認めた。彼が競争をしたというかぎりでは、彼はわれわれに勝った。ただ、われわれとしては自分たちが目指したことを計画したとおりに成し遂げたことに変わりはない。」（『テラ・ノヴァ号南極探検日記』原著二三二ページ）。ウィルソンのこの言葉は状況をきわめて的確に記述していると思われます。「目指したことを計画したとおり」は、スコットの言葉「こういうこと〔アムンセンの出現〕が起こらなかった場合と寸分違えず進んでゆく」（本書二一〇ページ参照）と呼応しています。アムンセンが南極点旅行をすることがあとからわかっても、自分たちは初めの計画を変えずにそのまま実行する、ということでしょう。あわてて計画を変更して対応しようとしたら、かえって失敗するだろうと考えたのだと思われます。

探検終了後、スコットの探検の「支援者たち」がスコット隊の科学調査に言及しているのを混同して、「スコット隊」がいばって言いわけをしているように『本多勝一集28』には聞こえるのかも知れません。『スコットの最後の探検』原著第一巻のクレメンツ・マーカムの序文などがそれに当たるのかも知れません。その序文を見てみましょう。（全文）

クレメンツ・マーカムの序文

序　文

十四年前、ロバート・フォーコン・スコットは新進の海軍士官であった。有能にして練達、人には広く好かれ、上官からは大いに期待されて、その尊い職務に一意専心していた。その彼を勧誘して探検家の仕事を引き受けさせることには重大な責任が伴った。それでも、一大南極探検隊を率いる人物として彼ほどの適任者を見つけるのは不可能であった。企ては新しいもので、前例のないものであった。その目的は未知の南極大陸の陸上を探検することであった。スコット大佐はこの企てに熱意をもって、しかも思慮と良識を忘れずに乗り出した。すべて一から学ばなければならず、そのため北極旅行の歴史を徹底的に研究し、それに南極地域の異なる条件の体験を加えたのである。スコットは南極そり引き旅行の創始者となった。

彼の発見は非常に重要なものであった。バリア氷壁沿いの測量と測深、キング・エドワード・ランドの発見、ロス島およびその他の火山性小島の発見、バリア表面の調査、ヴィクトリア山脈の発見――非常な高さの数百マイルもの長さの山脈で、以前は遥か遠く海上から眺められるだけだったもの――そしてとりわけ、記録上最も目覚ましい極地旅行のひとつによって、極点が位置する大氷帽〔ひょうぼう。万年氷に覆われた広大な地域。南極高原を指すと思われる〕を発見したことなどである。小規模ながら優秀な彼の科学班は熱心に、かつ訓練された知性を働かせて仕事に当たり、その成果は大版四折本十二巻に記録されている。

わが大発見者は南極の事業を完遂する決意であったが、愛する職務と縁を切ろうなどとは少しも考えなかった。海軍の要務に応じて軍艦の指揮をとったり、海軍本部の機密任務に当たったりした。そのため、五年の歳月を経てようやく南極の仕事に戻ることができたのであった。

スコット大佐の二度目の探検は科学的調査を主目的としたもので、科学のすべての分野にわたって前回の調査を完成させ発展させようとするものであった。極地域の科学調査のために、人的にも物的にも前例がないほど完全に整備された探検隊を連れて行きたいというのが彼の熱望するところであった。その願望はかなえられた。彼の船には、地文学研究のため特別に訓練を受けた一人を含む地質学者たち、生物学者たち、物理学者たち、測量技師たちなど、これまでの極地探検隊に例を見ないほど充実した科学隊が乗り込んだ。このようにスコット大佐の目的は、前回の諸発見の確認と発展を含めて、厳密に科学的なものであった。その成果については本書第二巻に説明される予定である。それは広範囲に及び、かつ重要なものと認められるだろう。極地の一地域において、五年にわたり、気象、地磁気、潮汐の観測がなされたのは史上最初である。長途の厳しい旅によって南極点へ到達することもスコット大佐の計画の一部をなしていた。しかしそこでもまた、できればその途上で科学的成果を獲得しようという意図があり、殊に彼が科学界に紹介した大山脈の由来に光を当てる化石の発見を期待していた。

この偉人——というのも彼はまさしく第一級の極地探検家であるからだが——彼の第一の目的は知識の増進であった。どの面から見てもスコットは現代で最も非凡な人々の中に数えられる人であり、無数の読者がその日記を読んで彼の性格の美しさに深い感銘を受けることであろう。彼の生涯を通じて光を放っていた特質は死の間際に殊に明るく輝いた。荘厳と悲愴の点で、あの静寂な雪の荒野における最後の場面に比べられる事件は歴史上あまり例がない。偉大な隊長は無二の親友たちの遺骸をかたわらに書き続け、遂に鉛筆を握る力もなくなって息絶えたのである。そこには自己への顧慮は微塵もなく、悲しみにひしがれた人々に慰めが与えられるようひたすら願われている。彼の最後の言葉は、彼を勧誘して南極の事業に乗り出させた者がそのことを後悔しないようにとの配慮から書かれたものであった。

「マーカム卿宛てに書けなかった場合は、卿にこう伝えてください。私が卿を深く尊敬していたと、そして卿が私をディスカヴァリー号の指揮者になさったことを、なければよかったとは一度も思わなかったと。」

クレメンツ・R・マーカム。

一九一三年九月

アムンセンの著書『南極点』原著（本書「文献」参照）には（この探検では）「科学の面倒は見ないことになっていた」とあります（一三九ページ。中田訳朝日文庫三八ページ）。わざわざそういうことを書くということは、極地探検には地理的探検のほかに科学調査が含まれることをアムンセンが認識していたことを示します。スコットの第二次探検の三年前に南極探検をしたシャックルトンも、隊員として数人の科学者を伴っていました（シャックルトン著『南極大陸の心臓』原著）。スコットの第二次探検およびアムンセンの探検とほぼ同じ時期の日本の白瀬隊でも学術部員を伴っていて（木村義昌、谷口善也著『白瀬中尉探検記』）、これも当時極地探検には科学調査が含まれることが広く認識されていたことを示すものです。チェリー - ギャラードが書いているように「探検は知的情熱の身体的表現である」のです（Exploration is the physical expression of the Intellectual Passion.『世界最悪の旅』原著五七七ページ。中田訳六六九ページ）。そうだとすると、アムンセンの行動は初到達の記録づくり目的の踏破だけでしたから（本書一四九ページ参照）、探検ではなくて、冒険あるいはスポーツだったことになります。

スコットは第一次探検のディスカヴァリー号の南極探検（一九〇一～四年）で、地理的だけでなく科学的にも成果をあげた探検隊を指揮しました。ケンブリッジ大学では、この探検のあとスコットに名誉科学博士号を贈っています。（G・E・フォッグ著『南極の科学の歴史』原著）。スコットの南極探検は初めから科学的でもあったのです。

明治四十五年一月二十八日撮影

南極 80 度 5 分の白瀬南極探検隊
『南極記』（復刻）南極探検後援会編著
白瀬南極探検隊を偲ぶ会発行　昭和五十九年

基地の研究室のシンプソン博士
『スコットの最後の探検』原著第二巻

スコットの第二次探検では南極点初到達が最重要目的でした（チェリー・ギャラード著『世界最悪の旅』原著三五〇ページ。中田訳四二六ページ）。しかしその隊の隊員だったチェリー・ギャラードによると「われわれはただひとつの仕事のために出掛けて行ったのではなかった。われわれは南極に関する世界の知識の蓄えをふやすために、できることをすべてするつもりで出掛けて行ったのだ。」（前掲書五四六ページ。中田訳六四一ページ）。そういうことで、シンプソン、ネルソン、テーラー、プリーストリー、デベナムたち専門の科学者たちが、南極点初到達とは無関係に、初めからの予定どおり調査・観測に専従しています。

何人もの優秀な科学者たちが「言いわけ」に利用されそうな探検隊に加わることはあり得ないことです。そして極点隊自体も踏破だけでなく科学調査も念頭に置いていて、たとえば、極点からの帰途、ビアドモア氷河を下るときにダーウィン山の近くとバックレー山の近くの露岩地帯で地質調資をして、化石を含む標本を採取しています（一九一二年二月九日のスコットの日記。『スコットの最後の探検』原著第一巻五六四ページ。中田訳『南極探検日誌』三六八ページ）。そしてその時の地質標本三五ポンド（一六キログラム）を旅の最後まで運んでいました。藤井理行博士（国立極地研究所）は「飢えと凍傷とに苦しむ中で、ベアドモア氷河付近で地質調査を行い、そのとき得た岩石標本を最後まで捨てないでそりで持ち歩いていたことは、スコット隊の科学志向の強さを、如実に示すものである。」と書かれています。（中田訳『スコット南極探検日誌』書評。本書四三ページおよび五二ページ参照）

それらの調査結果の具体的な表われとしては、私のわかる範囲で、一九一三年までに、気象、地磁気、自然地理、地質、生物などの分野で一三巻の報告書が出ており．一九六四年までに六三冊の科学報告書が出ています。（マイケル・ロソーヴェ編著書誌『南極大陸、一七七二年—一九二二年』）

煙を吐く火山エレバス山（標高3795メートル）
第二次スコット隊の基地（エヴァンズ岬）の背後
手前は「斜堤」。傾斜30度の氷の土手、高さ30～45メートル
H・ボンティング著『大きな白い南』

このように、スコット隊の科学調査は『本多勝一集28アムンセンとスコット』に書かれているような、何かの「言いわけ」に利用するお手軽なものではなく、本格的なものでした。藤井理行博士は「南極での初めての本格的な科学調査といえよう」と評しておられ（本書五二ページ）、また、オーストラリアの南極探検家・科学者ダグラス・モーソンはこう書いています。「スコット探検隊の科学調査計画はきわめて完全なものであり、高度に成功した。」（『モーソンの南極日記』原著序論）

第二部　二　科学調査とアムンセン

「南極点に初到達する機会は、人類史のなかで一度しかない。その栄誉がノルエー隊に輝いたばかりか、スコット隊は悲劇的結末に終わったのだから、イギリス国民はアムンセン隊に対して感情まるだしの非難を浴びせた。北極へゆくとみせかけて南極へ行った卑劣漢とか、科学調査など何もしないで突進しただけだとか。これらの非難は論理的にも事実としてもまちがっている。」

『本多勝一集28アムンセンとスコット』にこのように書かれています（二三九ページ）。その論評では、イギリス国民のアムンセンに対する非難は二点あって、一、アムンセンは北極へゆくとみせかけて南極へ行った、二、アムンセンは科学調査をせずに極点へ突進しただけ、ということで、そしてそれらの非難はまちがっている、というのです。しかし、私にはこの二点は逆にアムンセンの書いていることに合致するように思われます。アムンセンの記述を見ましょう。

「『北極点到達は果たされた。』このニュースは瞬く間に世界に伝わった。……私は電線を走ったニュースに負けない速さで方向転換を決意した――回れ右をして南へ向かうのだ」、「準備はすべてひっそりと何事もなく進めなくてはならなかった」、「科学の面倒は見ないことになっていた」、「全力をただひとつの目標――極点到達――に集中しようと私は考えていた」、「記録づくりが目的で出てきたとするなら、ぜひとも一番乗りしなければならなかった。それにすべてを賭けなければならなかった」（『南極点』原著第一巻一三七～一四七ページ。中田訳朝日文庫四四ページ）。

『本多勝一集28』では、事実を確かめずに論評しているようで、事実とは異なることが書かれています。

ところで、アムンセンは「ぜひとも一番乗り」するために異例と思える行動をしました。それは南極高原へ出る困難な初めての氷河（アクセル・ハイベアク氷河。アムンセンの命名）を多数の犬を使って急ぎ登り、高原へ達したところで、不要になった分の犬を隊員に殺させたことです。そのときのアムンセンの記述は次のようになっています。

南極点に初到達したアムンセン隊
隊員オスカル・ヴィスティングとそり犬
アムンセン著『南極点』原著第二巻

「しかしその夕方、いつもより急いで私が取り掛かったのはプリムス（石油こんろ）に点火し、ポンプを押して圧力を上げる作業だった。そうすることで出来るだけ音をたて、やがて響いてくるはずの何発もの銃声を聞かずにすませようとしたのだ。われわれの有能な僚友で忠実な助力者だった犬のうち二四匹が死ぬ運命になっていた。つらいことだった。しかしやむを得なかった。目的を達成するためには何事からもしりごみしないことにわれわれの考えは一致していた。その晩はペミカンがことのほか早く出来上がった。私がいつになく勤勉にかきまわしていたのに違いない。第一発が聞こえた。私は決して気弱な男ではないが、正直なところぎくりとした。次から次へと銃声が続いた。それらは平原の上に不気味な音を響かせた。一発ごとに一匹の忠実な従僕が命を失っていった。」（『南極点』原著第二巻六二ページ。中田訳朝日文庫四二六〜七ページ）

これは『南極点』を読んだ人の忘れることのない記述だと私には思われます。そしてアムンセンがやむを得ないと思いながら行なったこの行動が二一世紀の現代にどのように考えられるかは別として（私の一人の友人は長い感想を書き送ってきました）、この記述はアムンセンの記録の真実性を保障していることで私には感銘深く読まれます。

第二部　三　命令には従うが親しさはない

スコット隊で「隊長と隊員たちとの人間関係について……隊長の命令には従うけれども親しさはない」とスコット隊の隊員だったチェリー - ギャラードが言っている、ということが『本多勝一集28アムンセンとスコット』に書かれています（三八八ページ）。

しかし実際にはチェリー - ギャラードはそういうことを言ってはいません。チェリー - ギャラードがそういうことを言っているとすれば、彼の著書『世界最悪の旅』の中だと考えられ、そして『本多勝一集28』では原文でなく翻訳を元に論じているようなので、その書の朝日文庫版の翻訳（加納一郎訳）を調べてみました。そして「隊長の命令には従う」の部分に関連があるらしく思われる箇所がひとつ見つかりました（三八六ページ）。「われわれ隊員はただ命にしたがっておればよいのである」という部分です。「命にしたがって」に当たる原文は to follow のようです。しかし私の読み方では、この原文は「命令にしたがう」という意味ではなく、（行進で）あとについて行く、という意味になります（本書二一五ページ参照）。そして「命令」

という意味の言葉は原文にはありません。ここはチェリー・ギャラードが言っているのではなく、『本多勝一集28』が典拠にしていると思われる翻訳の訳文にそうある、ということでしょう。

また、（隊長とのあいだに）「親しさはない」については、加納訳にもそういう言葉やそれを推測させる箇所は見当たりませんでした。私はほかでも出合ったことがないので、これは『本多勝一集28』の創作だと思われます。そして加納訳には逆に、「部下や友人をひきつける」という訳がありました。これに当たると思われる原文を私が訳すと、「随行者を友人にしてしまう」(making his followers his friends) となります。原文にはまた加納訳には訳してない言葉、（隊長を）「愛するようになった」(came to love) というのもあり（本書二一九ページ参照）、親しみを抱いたように書いてあります。したがって『本多勝一集28』にある「親しさはない」は実際とは逆のことになります。

『本多勝一集28』には、チェリー・ギャラードの本にないことを、チェリー・ギャラードが言っている、としているところがほかにも見られます。ひとつは、「わしが一番ビルをよう知っている」とチェリー・ギャラードが言っている、というのがそれです（三五八ページ）。ビルというのはウィルソンのことです。ウィルソンはスコット隊の科学班の責任者です。そしてチェリー

‐ギャラードは科学班に所属していました。たしかにチェリー‐ギャラードはウィルソンの推薦があって隊に加えられたのであり、ウィルソンの計画・実施したエンペラーペンギンの発生学の解明のための真冬の旅（世界最悪の旅）にも加わったりして、ウィルソンとは特別親しい間柄だったようです。しかし、自分が一番よくウィルソンを知っている、というような言葉は、『世界最悪の旅』の加納訳を私が調べたかぎりでは、書いてありません。原著にも書いてありません。

いまひとつ、『本多勝一集28』に「チェリー＝ガラードによれば、『犬は結果として用いなかった』と。アムンセンとの比較で言うてるわけや。しかしそれは言いわけと聞こえる」と書かれていますが（三四一ページ）、『世界最悪の旅』（加納訳）に当たってみたところ、チェリー‐ギャラードのそういう言葉は見付かりませんでした。原著にも見当りません。

このように、『本多勝一集28』には、チェリー‐ギャラードが言っていないことを創作して、言っていることにして、それを根拠にスコット隊を批判・論評しているところがあります。

ちなみに、日本でスコット隊の人間関係に「ひずみ」があったように言われることがありますが、それはスコット関係の基本文献に基づいて言われたことでなく、本多勝一著『アムンセ

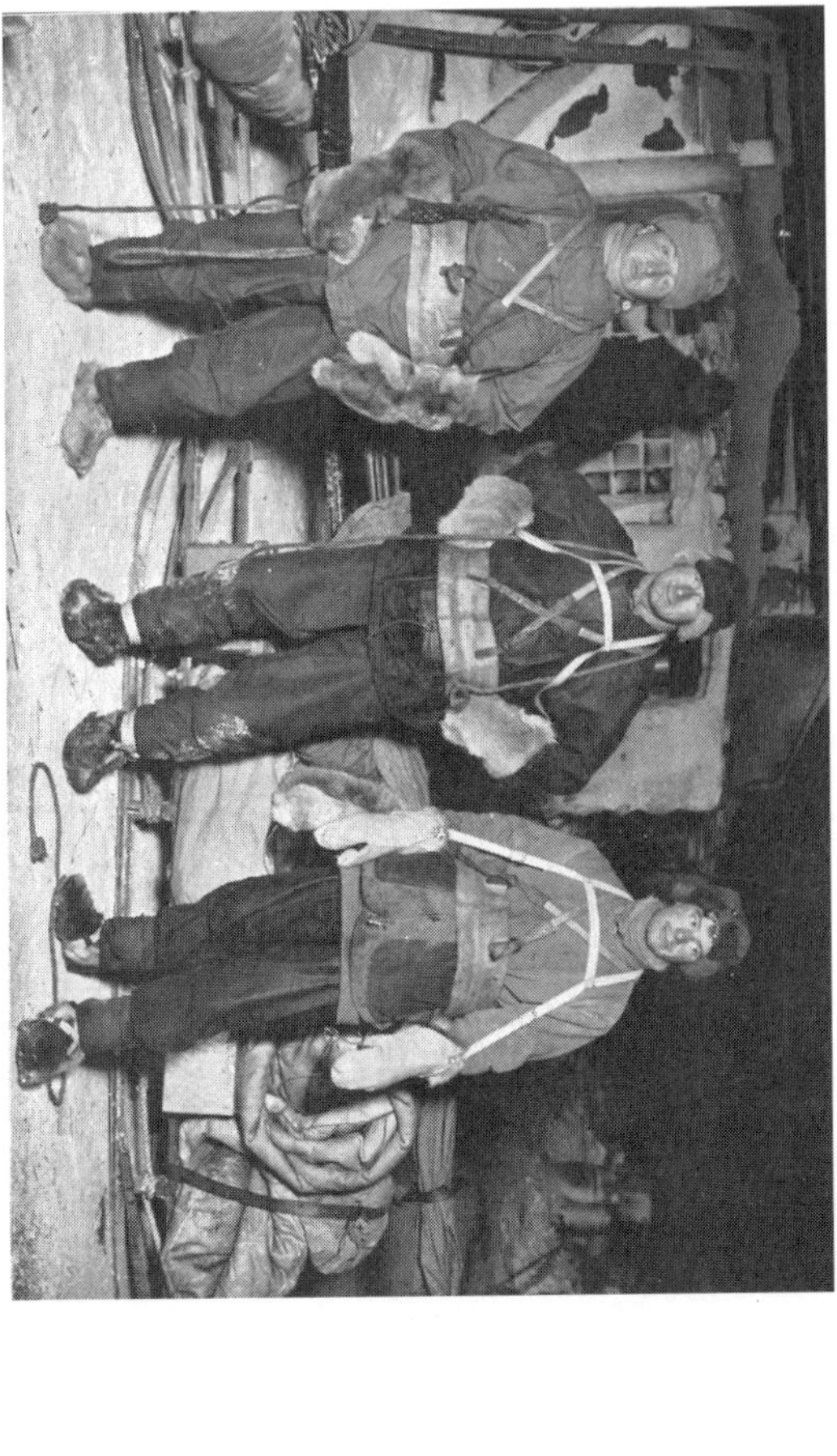

「世界最悪の旅」に出発するスコット隊の三人
バワーズ大尉　ウィルソン医師　チェリー - ギャラード
H・ポンティング著『大きな白い南』原著1923年版

ンとスコット』（教育社）を元にして考えられたことのようで、その本と同じく、正当な見解とは言えないと私は考えます。私は長年スコット（隊）関係の文献を調べていますが、スコットおよび隊員たちの書いた記録で「人間関係のひずみ」というようなことを感じたり、そういうことへの言及に出合ったりした覚えがありません。スコット隊の人間関係については、隊員だったチェリー＝ギャラードの著書に次のように書かれているのが実情だと私は考えます。

（チェリー＝ギャラード著『世界最悪の旅』原著二二五ページ。中田訳二八五ページ）

「完全にむつまじい夫婦のことはいまでもよく耳にする話だが、実はその意味は、バーナード・ショー氏から聞くところによると、言い争うのを木曜日の夜だけにしている、ということだそうだ。そういうことだとすると、もし私が、イギリスを発った日からニュージーランドへ帰った日まで三年近くのあいだ、われわれはいかなる種類の摩擦もなくこの生活を続けた、と言ったら、それは真実をいくぶん限定した公式の陳述をしているのだと思われるだろう。しかし私には、そういう公式的な意味は本当にいささかもなく、真実そのものなのだ、と言ってよいのではないだろうか。絶対的正確さを期すならば、私はある人が一度ひどく「ぷりぷり」しているのを見たことがある、と認めなければならない。それですべてだった。それはすぐに治まったし、また恐らく十分理由のあることだったのだろう。それが何のことだったか、私はもう思い出せない。われわれがなぜ一般の極地旅行者よりも幸いだったのかは答えるのが難しい。ひなま時間がなかったのがひとつのたいへん強力な理由であることは間違いないだろう。言い争っている時間がなかったのだ。

南へ向かう前、われわれは会う人ごとにこう言われた。「あなた方はお互い飽き飽きするようになるでしょう。暗い冬のあいだずっと何をしているつもりです？」ところが実は仕事をやり終えるのに難儀していたのだ。幹部隊員が長い夜番のあいだ仕事をし続けたあと、翌日も当然のように、し残したことを片付けるために仕事を続けることがしばしばあった。日中は読書をしたり普通にくつろいだりすることはほとんどなかった。少なくとも夕食までは決してなかった。仕事には時間割りはなく、朝食から夕食までは全部仕事の時間、というのが全体に習慣になっていた。

われわれの小さな集団は成果をあげようと懸命だった。健康な、そして無知蒙昧ではない一団の人々が——実益の見込みが目前にあるのでもないのに——このようにひたむきに、自分た

エンペラーペンギン、バリアおよび海氷
E.A. ウィルソン画
A. チェリー - ギャラード著『世界最悪の旅』原著

ちの分担としてささやかながら科学および地理の知識を世界の知識の総体に加えようと奮闘しているのを見たら、どんなに年若く未熟でどんなに世をすねた厭世家でも、驚きの念を抱いたに違いない。専門家でない者も科学者も、ひとしく、獲得すべく掲げた目的を達成しようと決心していた。」

スコットの日記にも隊の人間関係の和やかさが次のように書かれています。

「われわれ一団の人間にいまのようなわりあい単調な時期に、大事が起こるはずもないが、隊員相互のあいだにすでに存在する幸せな関係が知らず知らず着実に強固になっていくのを目にするのは気持ちがよい。口論その他一切のもめごとの心配からこれほど解放された環境はどこにもなかっただろう。とげとげしい言葉を聞いたり、むっとした顔を見たりすることがない。寛容と陽気の心がこの社会全体に横溢していて、人間が困苦、単調、危険という状況でこのように豊かな友愛関係を保ちながら生活し得ることを体得するのはすばらしい。」

(『スコットの最後の探検』原著第一巻五四ページ。中田訳『スコット南極探検日誌』三六ページ)。

第二部　四　創意工夫がない

スコットの劣る点のひとつとして「創意工夫がぜんぜんない」ということが『本多勝一集28　アムンセンとスコット』に書かれています（二八八ページ）。そして壊血病への対応が例としてあげられています。ここでは一般問題として検討します。

スコットの第二次探検隊の隊員だったチェリー‐ギャラードの書いたスコットの人物評に、次のようにスコットの創意工夫に関する記述があります。先ず「創意」について。

「彼〔スコット〕は使えそうな提案があると進んで受け入れ、またいつも熱心に、どんなに実現性の乏しい考えでも取り上げて、どうかしてそれを望みの目的に合わせられないか検討した。」（『世界最悪の旅』原著二〇〇ページ。中田訳二六一ページ）

スコットの創意の事例として雪上車をあげることができると私は考えます。『本多勝一集28』では、雪上車について「スコットの先発隊の動力ソリはなんというしろものであろうか」と傍点付きで嘲笑的な言及がなされています（一一九ページ）。しかし、南極で雪上車を初めて使ったのはスコット隊で、私はこれは大きな創意だと考えます。そしてスコットは雪上車がやがて南極での活動に「大変革」をもたらすだろうと予想していて（本書一六三ページ参照）、その予想どおり現代では不可欠のものになっています。

南極で初めて動力によってそりを引かせる試みをしたのはアーネスト・シャックルトンで、彼が南極点を目指した一九〇七～九年の探検の時でした。しかし、彼の動力車はキャタピラー（無限軌道）をつけていないものだったので、堅くて滑らかな海氷《かいひょう》の上では走ったが、雪の路面では実用になりませんでした。（シャックルトン著『南極大陸の心臓』原著）

スコットの雪上車は、無限軌道を付けた動力車で、南極の氷雪上を、荷を積んだそりを引いて走らせるもので、原理的には現代と同じでした。

南極で雪上車を使うことを考えた人はほかにもあって、それはフランスの南極探検家ジャン・シャルコで、一九〇八～一〇年に南極半島のピーターマン島に基地を置いて探検活動をし、そのとき雪上車を使う試みをしましたが、路面に適さず雪上車は使えませんでした。（中田著『南極のスコット』二〇二ページ参照）

スコット隊が南極で初めての雪上車を試みたときのスコットの記述を彼の日記に見てみま

シャックルトン隊の動力車（motor car）
シャックルトン著『南極大陸の心臓』原著第二巻

スコット隊の雪上車（motor sledge）
スコット著『スコットの最後の探検』原著第一巻
ハーバート・G・ポンティング撮影

しょう。

南極に上陸してすぐのときの様子。

（一九一一年）一月四日。「午後には雪上車も走り出し、デイとネルソンが一台ずつ動かした。二、三度小さな故障を起こしたが、かなりの荷を陸まで運搬した。……雪上車が成功だったと言うのはまだ早い。しかしきわめて有望なことは確かだ。」（『スコットの最後の探検』原著第一巻九三ページ。中田訳『南極探検日誌』六〇ページ）

一月五日。「雪上車がよく働いた――次第に仕事に慣れて、今日は一日休みなく走り続けた。頼りになりそうに思えてもくるが、希望どおりの重い荷は運べないのではないかとまだ心配だ。デイは大いに満足で、奇跡のような働きをするつもりらしく、またネルソンも同じく楽観的だ。」（『スコットの最後の探検』原著第一巻九八ページ。中田訳『南極探検日誌』六三ページ）。

極点旅行で雪上車が先発するのを見て。

一〇月二四日。「気が付いてみると、私はこれらの牽引車が成功してほしいと切望しているのだった。たとえわれわれの南進に大いに助けになるほどでなくともだ。多少なりと成功すれば、それらが有望で、極地の運送に大変革をもたらし得ることを示せるのだ。今日それらが動いているのを見、またこれまでに出た欠陥がどれも純粋に機械関係のものであるのを思い出せば、それらの価値を信じないわけにいかなくなる。」（『スコットの最後の探検』原著第一巻四三八ページ。中田訳『南極探検日誌』二八三ページ）。

極点旅行での状況をチェリー - ギャラードの『世界最悪の旅』の記述に見てみましょう。（原著三二一ページ。中田訳三九一ページ）

「雪上車は成功だったのか、失敗だったのか。確かにそれはわれわれにはあまり助けにならなかった。重い荷を引いた雪上車の到達最遠地点はコーナー野営地〔本書巻末地図C参照〕のすぐ先だった。しかしそうだったとしても五〇法定マイルは五〇マイル〔八〇キロ〕に違いなく、ともかくそれだけ働いたことは大きな進歩だった。雪上車の走った路面は堅いところも柔らかいところもあったし、またあとで夏のあいだに雪の橋が落ちたところを見てわかったのだが、この車はいくつか幅の広いクレバスを無事に渡ったのだった。それにまた、華氏マイナス三〇度〔摂氏マイナス三四・四度〕までの気温の中でも働いた。これはすべてためになることだった。なにしろバリア〔陸の氷原が海へ張り出しているところ〕を走った最初の動力車だったのだから。全体の構造はこれでよさそうだった。いま欠けていたのは経験だけだった。実験としてはそれ

荷を積んだそりを引いて進むスコット隊の雪上車
そりの後ろに距離計の車輪を引いている
『スコットの最後の探検』第一巻

らは南極では成功だった。」

スコットの雪上車は『本多勝一集28』に言われているような「しろもの」ではなく、将来性のあるもので、スコットが予想したとおり、やがて南極での運送に大変革をもたらしました。

次に「工夫」ということで、極地での生活上、スコット(隊)が工夫をしている例を見てみましょう。第二次探検で貯蔵所設置旅行の帰りに、帰り道になる海の氷が出来るのを待つあいだ、第一次探検のときに建てたハット・ポイントの小屋で過ごすことになった。生活に使ったことのなかったその小屋を住めるようにしようとする様子がチェリー-ギャラードの『世界最悪の旅』に次のように書かれています（原著一五八ページ、中田訳二一三ページ）。

「われわれが行った時、小屋はベランダも含めて完全な状態で建っており、二つの地磁気観測小屋の廃屋とごみの山もあった。ごみの山が生み出したものはすばらしかった、ブラバー（獣脂）のかまどを作るための煉瓦、その上を覆う鉄板、煙突の材料のかまど用パイプなどだ。だれかが工夫してセメントを作り、煉瓦を組み上げた。また、一つの地磁気観測小屋からアスベストの薄板が手に入り、屋根の木造部と煙突のあいだの断熱ができた。古ドアは調理台になり、古木箱は逆さにすると椅子になった。ディスカヴァリー号の残した食糧は乾パンで、約四〇個の大型荷箱に入っていた。それを家の中ほどを横切るように積んで隔壁にし、またディスカヴァリー号の冬期用古天幕を外の雪の中から掘り出して壁面に張り付け、暖かさを逃さないようにした。夜には床にあるものを片付けて寝袋を並べた。」

このように、スコット隊では、『本多勝一集28』に書いてあるのとは違って、「創意」を働かせて「工夫」をしています。

第二部　五　階級差別

『本多勝一集28アムンセンとスコット』に、イギリス人の探検隊では、「少人数のなかに階級社会があったら、下層社会の者には残酷」だった、という批判が書かれています（四三〇ページ）。そして北極探検のフランクリン隊と南極探検のスコット隊が例にあげられています。スコット隊では「幹部隊員と普通隊員が部屋まで別」という事例が根拠のように示されています。（二七八ページ）

スコットの日記を訳した時、私も初め階級差別というような感じを受けました。船で幹部隊員と普通隊員の生活区域が別になっていることでそれを感じたのです。しかしその後、船では一般にそういう習慣になっていたことがわかり、特にスコット隊だけが差別をしていたことにはならないのだと理解しました。

スコット隊では生活上イギリス社会の階級制度と海軍の習慣を準用していただろうと思われます。当時のイギリスの階級社会が、差別という点で、実際にはどうだったのか、それは私にはよくわかりません。ただ、考えてみると、似たような差別は日本でも普通にあったように思われます。事実を元にした小説、鎌田純一著『凍裂』（構想社、一九九五年）に、第二次大戦前の北海道庁では高等官の職員と他の職員では食堂が別になっていたことが書かれていますが、同じような差別は当時はどこにでもあったように思われます。

民主主義と平等の思想の広まった第二次大戦後の日本の社会に生活しているわれわれが、百年余り前のイギリスの階級社会で生きた人々から成るスコット隊に階級的差別を感じても不思議はないと思います。しかしスコット隊で、『本多勝一集28』に書かれているような、普通隊員に「残酷」な階級的差別をしていた事実は記録には全く見当りません。むしろ差別をしないようにしている印象を受けた事例がいくつもあります。

私に特に印象的だった例は、幹部隊員のオーツに対して、隊長のスコットが、普通隊員のクリーンのために食事をつくってやるよう指示していることです（『世界最悪の旅』原著一五四ページ。中田訳二〇九ページ）。クリーンが海の危険な流れ去る浮氷伝いに何時間もかかってようやく安全なバリアへ上がってきた時のことで、クリーンは確かに疲れ果てていました。しかしスコット隊が、『本多勝一集28』に書かれているような、普通隊員に「残酷」な階級差別をする隊だったら、隊長が幹部隊員に対して、普通隊員に食事をつくってやるよう指示することはあり得ないでしょう。

食べ物が幹部隊員と普通隊員とで違いがなかったことも差別がなかったことの例になるでしょう。隊員のウィルソンはそのことを「厳密に同一」と日記に書いています（『テラ・ノヴァ号南極探検日記』原著一七ページ）。

また、スコットが最後に書いた遺族の後事を依頼する手紙で、幹部隊員ウィルソンの遺族と同列に普通隊員エドガー・エヴァンズの遺族のことを頼んでいます。これも階級差別のなかったことを示していると思われます。（本書二〇五ページ参照）

スコットの第二次探検の基地での初年次の普通隊員は（ロシア人の若者二人を除いて）七人いました。そのうち三人は第一次探検にも参加した人たちでした。その人たちが、第一次探検で「差別」による「残酷」な経験をしていたら、第二次には参加しなかっただろうと考えられます。参加は志願によるもので、志願者が八千人もあったことは（『世界最悪の旅』原著一九六五年版Ｇ・シーヴァーの序文）、「差別」や「残酷」というようなことは全く問題外だったことを示していると思われます。Ｅ・ハックスレー著『南極のスコット』には、ともに引き綱を引き、空腹にもともに苦しみ、互いの命が互いの信頼にかかっているところでは、階級差別は姿を消す。当時のイギリス社会ではめったになかったような、そしてイギリス海軍では皆無だったような、平等状態が存在していた、とあります。(原著一三一ページ)

スコット隊では隊の中に階級社会があって、差別のために普通隊員には「残酷」だった、という『本多勝一集28アムンセンとスコット』に書かれている批判は、スコット隊の実情を確かめることなく、イギリス社会の階級制度という観念的な先入観をそのまま当てはめた誤った感想だと思われます。

第二部　六　記念ケルンの文言

スコット隊の極点旅行で、帰って来なかった五人の極点班を捜索するための旅行隊が、極点班のうち三人の遺体を発見し、彼らを葬って築いた雪のケルンのかたわらに竹ざおを立て、それに結わえた金属の筒に記録を入れて残しました(『スコットの最後の探検』原著第二巻三四七ページ。中田訳『南極探検日誌』三九九ページ)。その記録の文言で、幹部隊員のオーツに対しては「絶賛の長い形容句がついているのに対し、エバンズには『死せる』という一語だけしか形容がない。これはかなり露骨な差別ではないか」という批判が『本多勝一集28アムンセンとスコット』に書かれています(四四二ページ)。この問題は本多氏から個人的に尋ねられたことがあって、その時の中田の返信が本多氏の著書に出ています(四四二〜三ページ)。ここでは新たに考えてみました。

この批判の元になっている文献は「A・チェリー＝ガラード著、加納一郎訳『世界最悪の旅』(朝日文庫)」のようです(八一五〜六ページ)。それには次のようにあります。

「遺体のうえのケルンに残された記録の写し

一九一二年一一月一二日　南緯七九度五〇分

この十字架とケルンとは英国予備海軍大佐ビクトリア勲章所持者スコット、ケンブリッジ・バチェラー・オブ・アーツ、E・A・ウィルソン博士ならびに英国インド艦隊海軍少佐H・R・ボワーズの遺体のうえに建てられたるものにして、彼らの極点到達の勇敢、赫々たる業績を永久に記念せんとするささやかなる表示物なり。彼らはすでにノルウェー探検隊の到達をみたるのちにおいて一九一二年一月一七日、その地に達したり。彼らの死の原因は天候の酷烈なりしと燃料の不足にありき。

本標は同時に彼らの二人の勇敢なる同僚、その一人はこの地点より南方三三キロにおいて、僚友を救わんがためみずから風雪中に投じて死せるインニスキリング騎兵連隊所属L・E・G・オーツ大尉ならびにベアドモア氷河のふもとにおいて死せる水兵エドガー・エバンズをも記念するものなり。

神は与えたまえり。しかして神は召したまえり。神のみ名にかけて幸いあれ。

救援隊

（隊員全部の署名）」

オーツは極点からの帰途、足が凍傷になって歩くのに難儀し、他の隊員たちの進みを妨げるので、自死を決意して隊から離れました。

絶賛の長い形容句というのは「僚友を救わんがためみずから風雪中に投じて死せる」を指すのだと思われます。そしてこれが一見エヴァンズの「死せる」という一語だけの形容と対のように書かれているので、「露骨な差別ではないか」という批判になったようです。

しかし『本多勝一集28』で「絶賛の長い形容句」とされているオーツについての記述は「絶賛」の「形容句」ではありません。事実の記述です。これがなかったらオーツの死の状況が伝えられません。エヴァンズについても、『本多勝一集28』の言うのとは違って、「死せる」だけでなく、「ベアドモア氷河のふもとにおいて（死せる）」と、オーツについてと同じように死の状況の説明がついています。そして賛美の句はむしろ「（二人の）勇敢なる（同僚）」という部分です。そこではエヴァンズとオーツをいっしょにしています。二人を「同僚」として同列に扱っています。エヴァンズに対して、『本多勝一集28』に書かれているような「露骨な」階級差別意識があったら、そういう同僚扱いや同列の賛美の記述はしなかったでしょう。記念ケルンの文言の階級差別という批判は『本多勝一集28』の読み違い、思い違いから生じたもののように思われます。

参考。本書四三―四四ページに、記念ケルンのところに残された記録の中田の訳があります。

第二部　七　エヴァンズの死の扱い

スコット隊の極点まで行った五人の班が極点から帰る途中、ビアドモア氷河のふもとで普通隊員エドガー・エヴァンズが亡くなったのですが、それについて、『本多勝一集28アムンセンとスコット』に、（スコットの日記に）「エバンズの死んだことをあんまり書いてないし。オーツは英雄的やのなんやの書いてねえ。」とあり、また、「エバンズの死体はどうしたんですか。書いてないでしょう。」、「死体がいったいどうなったのかわからない。」と書かれています。そして「埋葬とか、そういうようすがまったく書いてない。あれは驚くべきことですね。」とあって、階級差別意識と関連づけて批判的に書かれています。（四三六〜四四〇ページ）

確かに、スコットの日記にはエヴァンズが亡くなったあと遺体をどうしたかについては何も書いてありません。しかし「死んだこと」については、右に書かれているのとは違って、詳しく書いてあります。ですから私には、この日記を読んだとき、右の批判のような違和感があった覚えがありません。遺体を放置したのでは、というような疑いや、階級差別というようなことは、少しも感じませんでした。「エバンズが死んだことをあんまり書いてない」とするのは、事実とは逆で、事実は、短くはないその日の日記のほとんど全部がエヴァンズの死のことに当てられています。それは次のようになっています。（『スコットの最後の探検』原著第一巻五七二～三ページ。中田訳『南極探検日誌』三七三ページ）

（一九一二年）「二月一七日、土曜。――恐ろしい一日。エヴァンズはぐっすり眠ったあと少しよくなったようで、いつもするように元気だと宣言した。そして自分の位置の引き綱に付いて出発した。ところが三〇分するとスキー靴がゆるんで、そりから離れなければならなくなった。路面はひどく悪く、降ったばかりの柔らかい雪が一歩ごとにスキーとそりの滑走面にくっつき、そりはきしんだ。空は一面に曇り、陸地はかすんでいた。われわれは約一時間後に停止し、エヴァンズは追い付いてきたが、ひどくのろのろしていた。半時間後、彼は同じ口実で再び落後した。彼はバワーズにひもを一本貸してほしいと頼んだ。私はできるだけ早く来るようにと注意し、彼も私の感じでは元気よく返事をした。われわれは突進を続けなければならず、残り四人でいやおうなしに激しく引き、汗だくになった。モニュメント・ロックを真横に見るあたりでわれわれは停止し、エヴァンズがはるかに遅れているので、昼食の野営をすることにした。初めは心配もせず、お茶を入れ、われわれの分の食事を支度して食べた。食事を終わってもエヴァンズが来ないので、出てみるとまだ遠くにいた。われわれはそろそろ心配になり、四人全員スキーで道を戻っていった。最初に彼のところへ着いたのが私で、彼の様子を見てぎょっとした。服を乱して両膝をつき、むき出しにした両手は凍傷にかかり、そして狂ったような目つきをしていた。どうしたのだと尋ねると、のろのろした口調で、自分でもわからないが、きっと気絶していたのだと思うと答えた。みなで助けて立たせたが、二、三歩進むともうへたりこんでしまった。どう見ても完全に虚脱状態だった。ウィルソンとバワーズと私がそりを取りに引き返し、オーツがエヴァンズのそばに残った。三人が戻ったときには彼はほとんど意識を失っており、テントへ収容したときには完全に昏睡状態に陥っていた。午前一二時三〇分に彼は安らかに息を引き取った。症状について話し合ってみると、彼が衰え始めたのは極点へ着く直前で、衰えが早まったのは、先ず指の凍傷で動揺したこと、そのあと氷河の激しい旅で何度かクレバスに落ちたこと、それに加えて自信をすっかりなくしたことによる、と考えられる。ウィルソンの考えでは、クレバスに落ちたときにきっと脳を傷めたのに違いないという。

こんなふうに一人の仲間を失うのは恐ろしいことだが、静かにかえりみると、この一週間の甚だしい心配からすればこれにまさる結末はあり得なかったのがわかる。昨日昼食のときにみなでした事態の検討を思い出せば、われわれが基地までまだまだ遠いのに、病人をかかえて、どんなに望み薄い状況にあったかがわかるのだ。

午前一時、われわれは野営をたたみ、氷丘脈を越えながら下ってくると、貯蔵所は難なく見付かった。」

以上がエヴァンズの死についてのスコットの日記の記述です。これを「あんまり書いてない」とするのは事実と異なります。私はこの詳しい、かつ誠実な記述を読んだとき、「死体」をどうしたか、ということは頭に浮かびませんでした。本書の原稿を点検していただいた登山家・編集者の横山厚夫氏は中田の言葉「誠実な」に賛同され、「苛酷な環境の中でこれだけ書くのは大変な努力だと思います。筆者の誠実さの表れだと思います。」と原稿の余白に鉛筆で書き添えてくださいました。

いま一点、「あんまり書いてない」に続けて書かれている「オーツは英雄的やのなんやの書

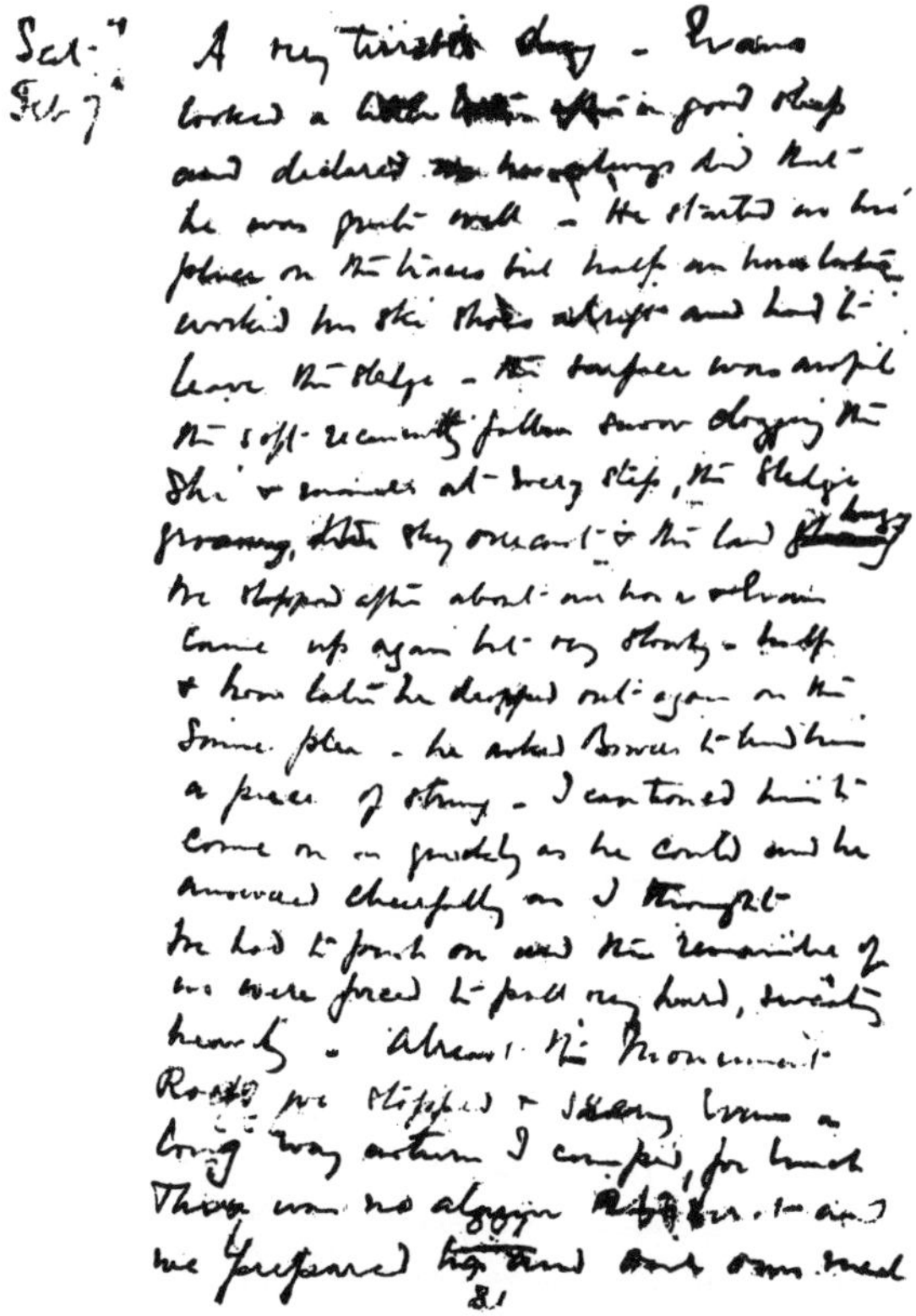
Sat. Feb 17
A very terrible day. Evans looked a little better after a good sleep and declared as he always did that he was quite well. He started in his place on the traces but half an hour later worked his ski shoes adrift and had to leave the sledge. The surface was awful the soft recently fallen snow clogging the ski & runners at every step, the sledge groaning, the sky overcast & the land hazy. We stopped after about an hour & Evans came up again but very slowly. Half an hour later he dropped out again on the same plea. He asked Bowers to lend him a piece of string. I cautioned him to come on as quickly as he could and he answered cheerfully as I thought. We had to push on and the remainder of us were forced to pull very hard, sweating heavily. Abreast the Monument Rock we stopped & seeing Evans a long way astern I camped for lunch. There was no alarm at first and we prepared tea and our own meal
807
81

エヴァンズの死についてのスコットの日記原文
(“The Diaries of Captain Robert Scott”,
University Microfilms Ltd,1968)
80％に縮小

considering the latter. After lunch & Evans
still not appearing we looked out to see him still
afar off. By this time we were alarmed
and all four started back on ski. I was
first to reach the poor man & shocked at
his appearance; he was on his knees
with clothing disarranged, hands uncovered
& frostbitten and a wild look in his eyes.
Asked what was the matter he replied with
a slow speech that he didn't know but thought
he must have fainted. We got him on his feet
but after two or three steps he sank down
again. He showed every sign of complete
collapse. Wilson, Bowers & I went back for
the sledge whilst Oates remained with him.
When we returned he was practically
unconscious & when we got him into the tent
quite comatose. He died quietly at
12.30 AM. On discussing the symptoms
we think he began to get weaker just
before we reached the Pole & that his downward
path was accelerated first by the shock of
his frostbitten fingers and later by falls

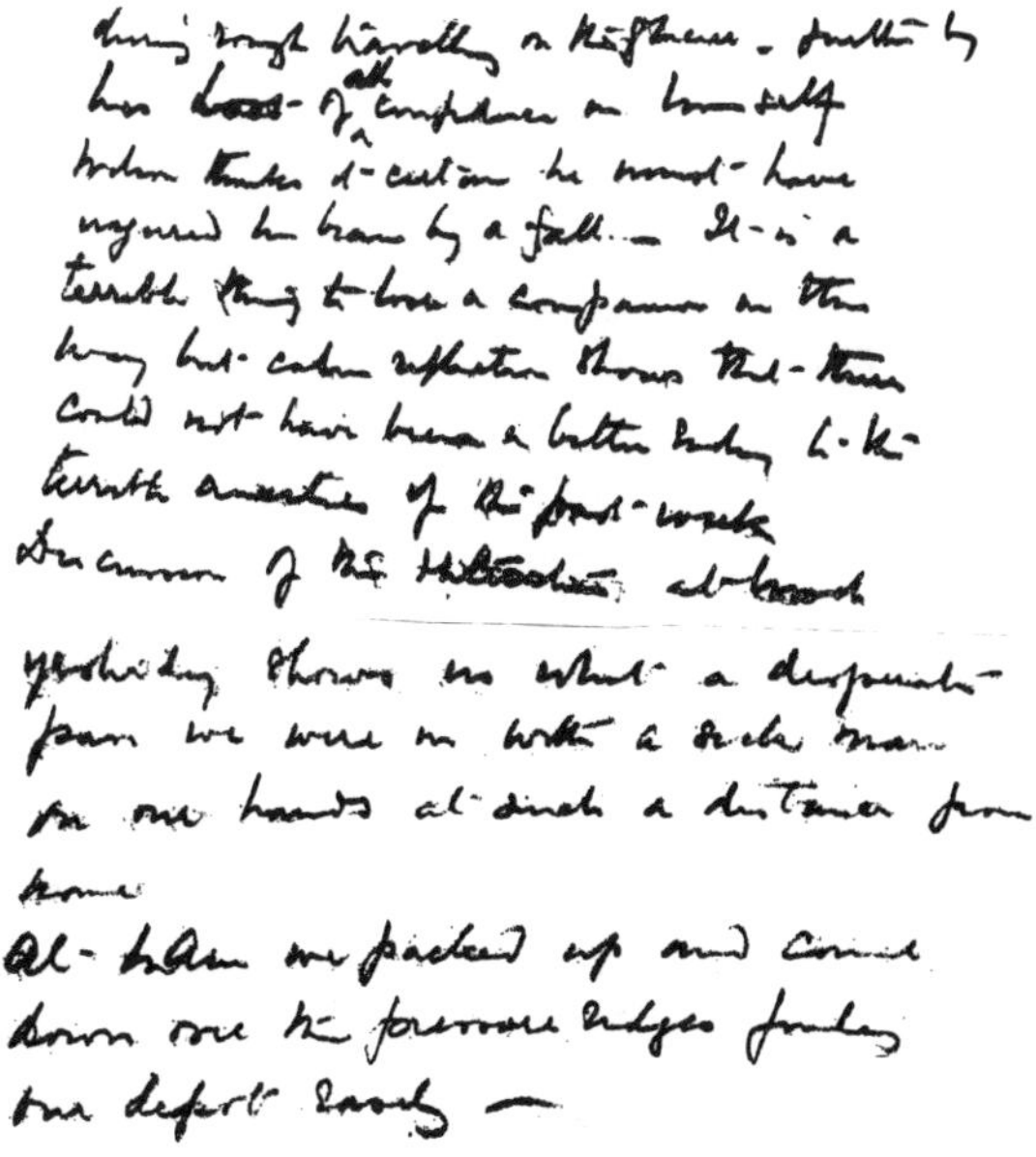
during rough travelling on the Glacier – further by his loss of all confidence in himself. Wilson thinks it certain he must have injured his brain by a fall. It is a terrible thing to lose a companion in this way but calm reflection shows that there could not have been a better ending to the terrible anxieties of the past week. Discussion of the situation at lunch yesterday shows us what a desperate pass we were in with a sick man on our hands at such a distance from home
At 1 am we packed up and came down over the pressure ridges finding our depot easily –

いてねえ」の「英雄的」は、『本多勝一集28』の書き替えです。スコットの日記には「brave（勇敢な）」と書いてあって、「英雄的」（heroic）とは書いてありません。

『本多勝一集28』では、スコットの日記に詳しく書いてあることを「あんまり書いてない」としています。また、スコットの言葉を書き替えて、その言葉をスコットの言葉として批判しています。

階級差別ということでは、スコットにその意識があったら、厳しい状況の中にあり、疲れてもいるときに、下層階級の普通隊員エヴァンズの死に至るまでの様子をこれほどていねいに記録しなかったでしょう。

エヴァンズの死の扱いに関して、『本多勝一集28』にある批判には、また、ウィルソンも「水兵エバンズの死について一行も日記に書いていない」とあります（三〇六ページ）。しかしこれも事実とは逆で、実際は、ウィルソン（医師）の日記には次のようにエヴァンズの死のことが記録されています。（ウィルソン著『テラ・ノヴァ号南極探検日記』原著二四三ページ）

（二月一七日、土曜）「天気がよくなり、われわれは出発して貯蔵所へ向かって順調に進んだ。道をたっぷり来たころ、エヴァンズがスキー靴が脱げそうになった。彼は許されて靴を直し、そり引きを続けた。しかしまた脱げそうになり、それからまたなった。それで彼は、そりから離れて靴を直したあと追い付いてくるようにと言われた。昼食時には彼ははるかに遅れていて、われわれは野営して昼食をした。それから彼が来ないので彼のところへ戻っていった。彼は倒れており、両手が凍傷になっていた。彼の足が急速に利かなくなってきたので、われわれはそりを取りに行き、それを持ってきて彼を乗せた。テントに収容したときには彼は昏睡状態に陥っていて、そのまま意識を回復することなくその夜一〇時ごろに亡くなった。われわれはその夜一、二時間寝袋に入って休み、それから食事をして出発し、氷丘脈を通り抜けながら四マイルほど下って下氷河貯蔵所へ着いた。そこでようやく野営し、十分な食事をして就寝し、ぜひ必要だったたっぷり一夜の休息をとった。貯蔵所は無傷だった。」

エヴァンズの死体をどうしたかを書いてないのは驚くべきことだ、という批判については、参考になる事例をひとつ思い出しました。それはオーストラリアの南極探検家・科学者ダグラス・モーソンの記録にあるものです。モーソンが一九一二〜一三年に南極のサウス・ヴィクトリア・ランドの北部沿岸（本書巻末地図B参照）を探検した時のことで、三人で旅行中、モーソンは二人の仲間を失い、自分一人が生還しました。モーソンの日記によると、仲間の一人ニニス（イギリス陸軍中尉）が、往路の一二月一四日にクレバスに落ち、絶望となりました。一チームの犬と生活物資の大半もいっしょに失ったので、残った二人は基地へ引き返すことにしました。そして一月八日に、最後の仲間メルツ（スイス人法律学者？　スキーのチャンピョン）も、衰弱の果てに亡くなりました。

ダグラス・モーソン
（フレッド・ジャッカおよびエリナー・ジャッカ編『モーソンの南極日記』、スーザン・ヘインズ・ブック、アレン・アンド・アンウィン、1991年）

亡くなった二人について死後の対応の記述をモーソンの日記に見ると、ニニスの場合は、死体がないから死体をどうしたかについては参考になりません。一方、死の状況がスコット隊のエヴァンズと似ているメルツの場合は、死体の扱いについてはエヴァンズと同じく何も書いてありません。そして死ぬまでの記述はあり、最後に安らかに息を引き取った、と書いてあるのは、エヴァンズについてのスコットの記述と同じく、死後のことは何も書いてないのも同じです。死ぬまでの記述は、ニニスについては、天候、天測等の記述を除くその日の日記二七行のうち一六行が当てられており、メルツの場合は二二行のほぼすべてが当てられています。

エヴァンズの場合とモーソンの二人の場合を合わせてみると、どの場合も死ぬまでの記述が詳しく、死体の扱いについては記述がありません。また、モーソンの仲間は二人とも下層階級の人ではなく、それでいてスコット隊の下層階級のエヴァンズの場合と違いがありません。

このように見てくると、スコットの日記にエヴァンズの死体の扱いについて記述がないことは、『本多勝一集28アムンセンとスコット』に書かれているような「驚くべきこと」ではないようであり、また階級差別とは関係がないことがわかります。

ちなみに、モーソンの場合はスコットと違い生還しています。そして日記とは別に、このときの探検についての著作があります。それは『ブリザードの家庭』で、それには、日記には書かれていない、死体の扱いのことが次のように書かれています。「八日の晩遅く、私はメルツの遺体を彼の寝袋に入れて包み、テントの外へ運び、雪の固まりを積み上げて覆い、上にそりの半滑走部（half runners）二本で粗造りした十字架を立てた。」（原著第一巻二六〇ページ）

スコットもモーソンのように生還していれば、帰国後の著書にエヴァンズの遺体を葬った様子を書いただろうと思われます。第一次探検のときに普通隊員ジョージ・ヴィンスが急斜面を海まで滑り落ちて遭難死した時、ハット・ポイントの丘の上に彼のための十字架を立てたことがスコットの著書『ディスカヴァリー号の航海』に書かれています。

第二部　八　エヴァンズの恨み

スコット隊の普通（下級）隊員エドガー・エヴァンズが、極点旅行の復路のビアドモア氷河のふもとで倒れ、「狂ったような目つきをしていた」のは、「えんえんと差別された最後の恨みの眼をスコットに向けたのではないかと、そう思われるくらいです」ということが『本多勝一集28アムンセンとスコット』に書かれています（四三〇ページ）。

その論評の元になっている文献は示されていませんが、スコットの日記の中田訳『スコット南極探検日誌』のように思われます。中田の訳は次のようになっています（三七三ページ）。（エヴァンズはスキー靴がゆるんで、それを直すためにそりの引き綱から離れ、一人であとに残った。そりの班はいくらか進んだところで野営して昼食をした。そしてエヴァンズが来ないので「心配になり、スキーで四人全員彼の方へ向かった。最初に着いたのが私で、エヴァンズの様子を見てぎょっとした。服を乱して両膝をつき、むき出しにした両手は凍傷にかかり、狂ったような目つきをしていた。どうしたのだと尋ねると、のろのろした口調で、自分でもわからないがきっと気絶していたのだと思う、と答えた。」

　この「狂ったような目つき」という中田の訳が（原文 a wild look in his eyes)、『本多勝一集28』では「ものすごい眼」、「恐ろしい眼」、「怒りと恨みの目」じゃないかと考えられ（四三〇、四四三ページ）、エヴァンズは下級社会に属していて「えんえんと差別された最後の恨みの眼をスコットに向けていたのではないか」ということになったようです。

　しかし私の「狂ったような目つき」という訳は、「気が狂った人のような目つき」という意味で、『本多勝一集28』が言い替えているような、「ものすごい目、恐ろしい目、怒りと恨みの目」というような意味ではありません。ここの訳文の文脈でそういう意味に受け取られようとは私には考えられませんでした。すぐあとでウィルソンがエヴァンズはクレバスに落ちた時に脳を傷めたのに違いない、と言っていますから、誤解の余地はないと思いました（本書一七七ページ参照)。

　『本多勝一集28』が言い替えによって推測しているような、エヴァンズがスコットから「えんえんと」階級差別をされていたことも、そのためにエヴァンズがスコットに対して「怒り」と「恨み」を抱いていたことも、どちらも根拠のないことで、『本多勝一集28』の創作だと思われます。私がこれまでに読んだどの記録でも（中田著『南極のスコット』「文献」参照）、そういう推測を可能にする場面に出合ったことがありません。逆に、エヴァンズは普通隊員の中で格段にスコットから高く評価されていて、それはスコットの日記に明瞭に読み取れます。例えば次のような記述があります。

「エヴァンズは大力無双の働き手で、頭も実に非凡なものを備えている。どれほど彼のおかげを受けているか、いまになってやっとわかった次第だ。スキー靴とアイゼンは必須の用具だが、それらの元々の考案者は彼でなかったとしても、製作と設計の細部や巧みな細工などは彼一人のものだ。どのそりもそり用具も、テントも寝袋も引き具も、すべて彼の担当で、それらのどれについても一度でも不満が出たことがないのを思えば、彼がどんなに貴重な助力者であったかが明らかになる。いま彼はテントを張るときの指揮をするほかに、そりの荷積みの工夫と手配もしている。あらゆるものがきちんと手際よく積まれている様子や、そりの柔軟さと滑りよさを保つようずいぶん研究がなされている様子は目を見張るばかりだ。バリア（本書六六ページ参照）で、まだポニーが射殺されないころ、彼は絶えず見回って積み荷を直していた。」（『スコットの最後の探検』原著第一巻五三四～五ページ。中田訳『南極探検日誌』三四七～八ページ）

スコットの第一次探検にも参加し、そのときエヴァンズはラッシリーとともに、スコットと三人だけで、一カ月余りのあいだ同じひとつのテントで生活してそり引き旅行をしているから（『ディスカヴァリー号の航海』原著第二巻）、スコットがどういう人間かよくわかっていただろうと思われます。その経験の上で第二次探検にも参加し、そして極点班に加えられたのは普通隊員の代表としてであったと考えられ、それはエヴァンズにとって名誉なことだったはずで、むしろエヴァンズはスコットに心服していただろうと考えられます。

自分を高く評価してくれ、そして行進で遅れたとき心配して迎えに戻ってきてくれるような（一八七ページ）隊長に、「怒り」や「恨み」を抱く理由は全くなかったと考えられます。また、隊長から「えんえんと」階級差別をされ、隊長に対して「怒り」や「恨み」を抱くようだったら、そんな探検隊に、志願してまで（本書一六九ページ参照）再度参加するということはあり得ないことです。

『本多勝一集28』では、スコットの言葉をそのまま理解しないで、悪く言い替えて解釈し、それを元にして架空の悪い推測を書いています。

第二部　九　水兵（普通隊員）は使役動物扱い

『本多勝一集28アムンセンとスコット』に、イギリスの階級社会、階級意識の中で、スコット隊では「士官だけが人間で、水兵は使役動物みたいな扱いになっちゃったんかな」と書かれています（四四三ページ）。根拠になる事例は書かれていません。

私は入手可能な限りのスコット隊関係の文献（中田著『南極のスコット』「文献」参照）に目を通していますが、水兵は使役動物みたいな扱い、というような印象を受ける記述に出合ったことがありません。

かつての日本の軍隊では、士官と兵卒の関係は右のようだった場合が少なくなかったかも知れません。経験者によるそういう証言は少なくないでしょう。スコット隊の水兵は使役動物みたいな扱い、という考えは、実情を確かめることなく、かつての日本の軍隊の悪いイメージをスコット隊に当てはめることから出てきた思い付きのように思われます。

イギリスでは、スコットの最初の探検より三〇年ほど前の一八七〇年代に、労働組合法ができていることから考えて、労働者階級の権利に対して具体的な配慮があったことがうかがわれ、そういう社会では、労働者を使役動物みたいに扱うことは一般的ではなかっただろうと考えられ、それは彼らの海軍の水兵についても同じだったろうと考えられます。

当時のイギリスの軍隊では、下級軍人が日本と違って徴兵制ではなく志願制によるものだったことも考慮すべき要素になるでしょう。イギリスでは、第一次大戦の時に限定的徴兵制の法律が議会で承認され（一九一六年）、そして国民皆兵ふうの徴兵制がしかれたのは、第二次大戦の時の一九三九〜四〇年のようで、それ以前は下級の軍人も含めて志願制だったようです（『エヴリマン百科事典』原著一九六七年版）。平時の志願制の軍隊は、旧日本軍ではなく、いまの自衛隊が近いだろうと思われます。そして下級軍人もそれが職業であった点で似通っているように思われます。全体が志願制の軍隊では、下級軍人を徴用した旧日本軍と違って、下級軍人使役動物扱いの起きる余地は格段に小さいでしょう。

スコットの探検隊も志願者で成り立っていたことが要点のひとつになるように思います。スコットの第二次探検では、第一次探検という前例がありますから、普通隊員がどういう扱いを受けるかの見当はつけやすかったはずです。南極では生活環境が厳しい上に、もし「使役動物扱い」されそうだとわかっていたら、そういう探検隊に普通隊員として志願する人が果たしてあっただろうかと思われます。実際にはこの隊への志願者は、船上隊や幹部隊員も含めてでしょうが、八千人あったとのことです（本書一六九ページ参照）。また、陸上隊（越冬隊）の普通隊員として第一次探検に参加し、第二次探検にも参加した人が数人います。第一次のときに使役動物みたいな扱いを受けていたとしたら、そんなことはあり得なかったろうと考えられます。

食事の献立は上下同じだったし（「厳密に同一」本書一六九ページ参照）、また極点からの急ぎの帰途、普通隊員のエヴァンズの鼻が凍傷になっているのに気付くと、行進を切り上げて野営しています（一月二三日のスコットの日記。『スコットの最後の探検』原著第一巻五五一ページ。中田訳『南極探検日誌』三五八ページ）。普通隊員を使役動物みたいに扱っていたら、そういう配慮はなかったでしょう。

それに何よりも、極地の孤立状態の行動で、隊員の補充の不可能な探検隊ですから、使役動物のように働かせて隊員が消耗したら、長期間を要する探検活動そのものが続けられなくなるでしょう。

スコット隊では水兵は使役動物みたいな扱いだったように思わせようとする論評は、実情を考察しない、根拠のない、間違った感想だと思われます。

第二部　一〇　自虐的

『本多勝一集28アムンセンとスコット』に、「スコット隊をみていると、自虐的という感じさえする。苦労しないと悪いみたいな雰囲気がある。らくしたら罪やといわんばかりの雰囲気がある」ということが書かれています（三二九ページ）。根拠になる事例は示されていません。私はスコットやスコット隊の隊員たちの残した日記・手記（出版物）を見られるかぎり見ていますが、この論評のいうような「雰囲気」を感じた覚えが全くありません。そしてこれとは逆の場面をいくつか思い出します。

スコットの第一次探検で、基地（ハット・ポイント。本書巻末地図C、D参照）で冬営に入った時のスコットの言葉があります。

「われわれの前には退屈な暗がり続きが横たわっていた。しかしわれわれは健康と活力に満ちており、また、安楽を提供し単調さを軽減する工夫の技術はすべて手中にあるようだった。」（スコット著『ディスカヴァリー号の航海』原著第一巻二九一ページ）

第二次探検でも安楽のために、スコット自身や隊員がいろいろ工夫している様子がスコットの日記のあちこちに書かれています。一例をあげると、極点旅行のための貯蔵所をつくる旅からの帰りに、基地までの通路になる海の氷がなくなっていて、それができるのを待つあいだ、ハット・ポイントの小屋に滞在することになった。この小屋は第一次探検のときに建てたままで、生活に使ったことがなく、そして年月の経過でいくらか荒れていたと考えられます。もし自虐的で、「らくしたら罪や」という主義の隊だったら、これ幸いと、住みにくい状態そのままで、そこに住んだはずです。しかし実際にはそこを住みやすくするためにいろいろと整備しています。スコットの日記に次のような記述があります。(『スコットの最後の探検』原著第一巻一九九ページ。中田訳『南極探検日誌』一二九ページ)

「〔一九一一年〕三月七日、火曜、午前。……その間に他の隊員たちが小屋を住みよくする作業をいくらか進めていた。午後は全員で本式に取り掛かり、夕食までには驚くほど成果をあげた。

荷箱で大きな**L**型の内部屋を作り、隙間をフェルトでふさいだ。灯油の空缶と耐火煉瓦とで上等の小かまどができ、それを以前の煙突へつないだ。……ああしたりこうしたりして、大い

第一次探検のハット・ポイントの小屋
スコット著『ディスカヴァリー号の航海』第一巻

に居心地よく滞在できそうになり、早くもここを当座の住まいと思えるようになった。」

スコット隊は「自虐的という感じさえする」という『本多勝一集28アムンセンとスコット』にある論評は、記録にある実際とは逆のことを述べています。それには「スコット隊をみていると」と書いてありますが、見ているようには思えません。

第二部　一一　馬の酷使

スコット隊では旅行時の荷物の運送に犬も使いましたが、主力は馬（ポニー）でした。その馬の「酷使には一片の同情もない」という批判が『本多勝一集28アムンセンとスコット』に書かれています（三三一ページ）。（英国人は）「馬を平気で殺す」とも書かれています（三四〇ページ）。ただ、それらの批判の根拠になる事例は示してありません。

人でも馬でも、酷使すれば当座は仕事がはかどるかもしれないが長続きしないだろうから、極点を目指す旅のように長期の活動では、マイナスになることはあれプラスにはなり得ません。そして極地の探検隊は通常の社会から隔絶されていて、酷使して消耗しても補充の不可能な立場にあります。したがって酷使の起きる余地はなく、右の批判は実情を考えない思い付きのように思われます。

スコットの日記とチェリー‐ギャラードの『世界最悪の旅』に、馬に関する記述はかなりあります。しかし酷使を思わせる記述は見当たりません。逆に同情と配慮の記述はすぐに見つかります。チェリー‐ギャラードの著書からいくつか拾ってみましょう。

◇ある日の夕方、われわれはスコットがバリアの脆い雪の固まりを掘り起こして粗作りの塀を築くのを見ていた。雷鳥猟の隠れ台のようなもので、それをスコットは自分のポニーの南側に築いていた。われわれは彼のすることを眺めながら、そんなことをしても大して役立ちはしまいに、とひそかに疑っていたように思う――この大雪原で穴だらけのちっぽけな塀なんかじゃ、と。しかしほんのちょっとした風が吹いてきて〔風はほぼ一定して南から吹くことを知っていなくてはならない〕この塀がどれほど大きな恵みになるかをわれわれは自分の体で悟らされた。それからは毎晩、野営のとき、ペミカン〔乾燥赤身肉〕の調理ができるのを待つあいだ、われわれは各自のポニーの背後に塀を築き始め、夕食後にまた出てそれを完成させてから寝袋に入るようになった――休息の時間を温かく過ごせるかどうかは、フーシュ〔ペミカンの具のスープ。旅行時の主食〕を食べ、ココアを飲んだあとすぐに寝袋に入るかどうかでおおかた決まるから、それを考えるとこの作業は些細なことではなかった。そして、夢うつつの中で、「ビル、ノビーが塀をけって壊したよ！」という声がしたと思うと、ビル〔ウイルソン〕が築き直しに出て行く、というようなこともまれではなかった。（原著一一四ページ。中田訳一七〇ページ）

南極点旅行の野営地で休むポニー
背後に風よけの塀が築いてある
ポニーに防寒用の布を着せてある
スコット撮影
『スコットの最後の探検』原著第一巻

◇われわれはいつもそうしていたが、いまもポニーを端綱《はづな》で引き、はみは使っていなかった。だから統制力は弱く、殊に氷の上ではそうだった。しかしポニーにはその方が安楽だったのは確かだ。寒い天候の時は殊にそうで、そんな時には金属のはみでは、耐えられないとまではいかなくとも、苦しかっただろう。（原著八九ページ。中田訳一四八ページ）

◇われわれは彼ら〔馬〕のためにはできることは何でもした。しかし南極は馬にはどうしても厳しいところなのだ。私の思うに、スコットは彼らの苦しみを彼ら自身よりも強く感じていたようだ。（原著一一三

ページ。中田訳一六九ページ）

◇関連して付け加えておきたいが、われわれのポニーは動物としてはこれ以上ないほどやさしく、そしてしばしば献身的な扱いを受けていた。ともかく彼らを使わなければならなかったという点は認めるとしても（この問題には私は立ち入らないつもりだが）、われわれは彼らを使役動物としてよりもむしろ友達や仲間として食事を与え、訓練し、着るものすら与えていた。彼らを打ったことは一度もなく、そんな境遇は彼らには初めてのことだったはずだ。彼らの生活はそれまでよりも格段によいものだった。そしてそのすべてをわれわれは自分たちの生活状態をかえりみず彼らのためにしていた。（原著二一八ページ。中田訳二七八ページ）

◇彼〔受け持ちのポニー〕にはいつもぼくの規定食から乾パンを一枚やっていた。そして弾丸が彼を安楽にする前に彼は最後の一枚を食った。ここ南緯八三度でぼくの二頭目の馬が生涯を終える。海氷が割れたときの最初の馬ほど悲惨ではなかったが、それでも常にいっしょにいて長らく世話をした動物だったから、哀れに思う気持ちは同じだ（原著三四〇ページ。筆者バワーズ。中田訳四〇九ページ）。

なお本書三五ページのスコットの場合参照。

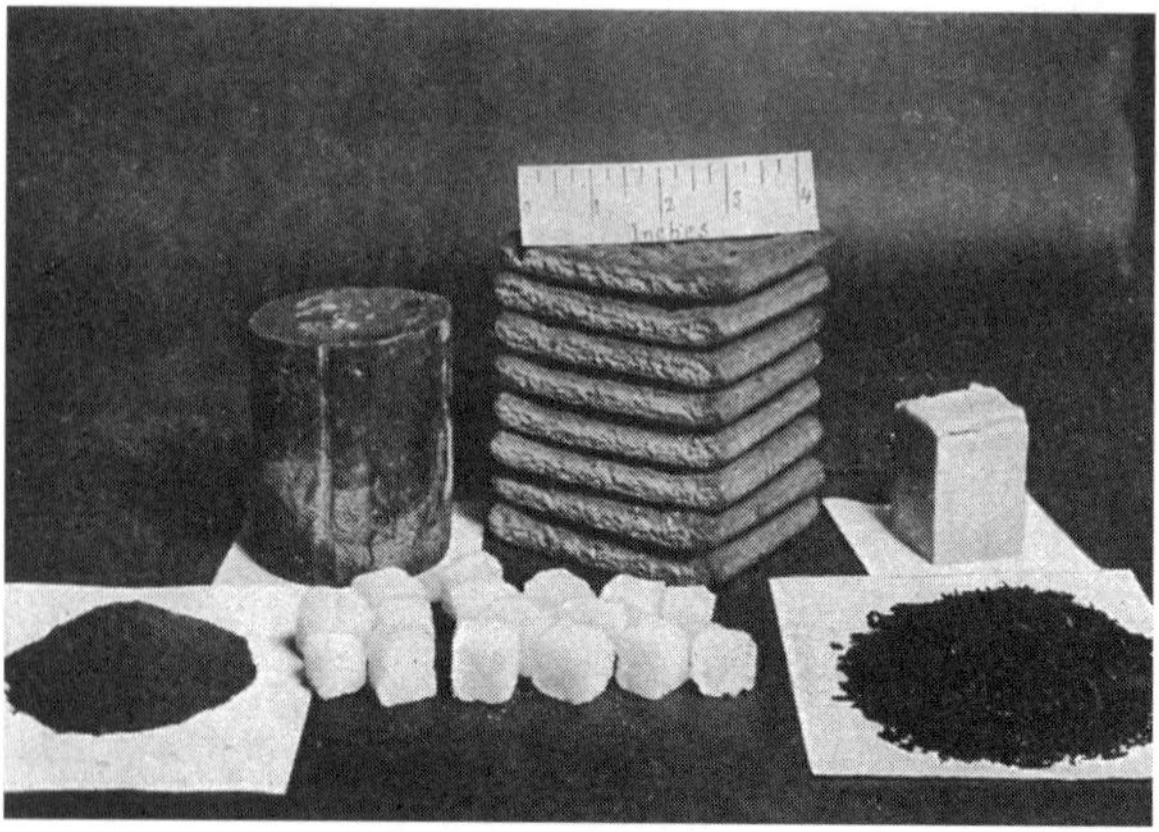

極点旅行班のそり引き旅行食（規定食）
（一人一日分のようである）
左からココア、ペミカン、砂糖、乾パン、バター、茶
目盛りはインチ（2.5センチ）
『スコットの最後の探検』第一巻

スコット隊では馬を酷使し、馬に対する同情はない、という『本多勝一集28』にある批判は、実情を確かめることなく、実際とは逆のことを言っています。

（英国人は）「馬を平気で殺す」は、どんな根拠に基づくのかとたいへん不審に思われます。

第二部　一二　遺書の謎

スコットが極点からの帰途、生還の望みが乏しくなって書いた数通の遺書のような手紙の中に、クレメンツ・マーカム宛ての手紙が含まれていなかったことについて、『本多勝一集28アムンセンとスコット』に、「スコットの遺書の『謎』」として、批判的に論じられています（三二七ページ）。マーカムはスコットの第一次探検当時、王立地理協会会長として、スコットを探検隊長に選ぶ中心的な役割を果たした人でした。そういう関係の人だったから、遺書がなかったのはおかしい、ということです。『本多勝一集28』には「何やら謎めいた、それにキナくさい匂いを感じる」ともあります（三二八ページ）。

私もスコットの日記の翻訳をしたとき、マーカム宛ての手紙のないことに、おや、という感じを受け、それが疑問として頭に残っていました。しかしその後『南極のスコット』（清水書院）を書いたりして、いろいろ調べているうちに、疑問が解けてきて、次のように理解するようになりました。

スコットの支援者クレメンツ・マーカム
エリオット・アンド・フライ撮影
スコット著『ディスカヴァリー号の航海』原著第一巻

スコットが遺書のような手紙を書いた相手の人々は、『スコットの最後の探検』（原著第一巻）によると、一一人と一組の夫妻です。そのうち、当然と考えてよい五人、母堂、妻、義兄、ウィルソン夫人、バワーズ夫人（バワーズの母）、を除くと、残るのはJ・M・バリー（作家、親友）、E・スパイア（探検隊資金会計担当者）、F・C・ブリジマン（海軍中将、上司）、G・le・C・エジャトン（海軍中将、上司）、J・J・キンジー（クライストチャーチの探検隊代理人）、L・ボーモント（海軍提督、王立地理協会副会長）、レジナルド・スミス夫妻（スコットの著書の出版者、友人）、となります。

いずれも上司、友人、および第二次探検に深くかかわったと考えられる人々です。

この六人と一組の夫妻宛ての七通の手紙のうち、私のわかる範囲で、六通が印刷・公表されています（『スコットの最後の探検』原著第一巻。五九七〜六〇四ページ。中田訳『南極探検日誌』三九〇〜三九五ページ）。中には全文でないと思われるものもあり、また一通、レジナルド・スミス夫妻宛てのものは別れの挨拶だけです。残りの五通を見ますと、四通は遺族の後事を依頼する内容を含んでいます。親友Ｊ・Ｍ・バリー宛てのには、自分の遺族の後事だけでなく、あと生活に困ると思われるウィルソン夫人および普通隊員エドガー・エヴァンズの遺族のことも頼んでいます。（オーツとバワーズは独身であり、家族に資産があって心配がなかったのだと思われます）。そして一通、内容の見られない手紙の受取人Ｌ・ボーモントは、スコットが妻にあてた手紙（遺書のような手紙とは別の）で、万一の場合、年金について相談すべき人とされています（Ｓ・グイン著『スコット大佐』原著一九九ページ）。また、別れの挨拶だけのスミス夫妻については、妻への手紙（遺書のような）の最後で、親しくするように、と勧めています。したがって八人のうち七人までは遺族の後事を頼める人だったことがわかります。（残る一人は上司のＦ・Ｃ・ブリジマン。）

マーカムはスコットが尊敬し、恩義を感じていた人ではあっても、第二次探検では、第一次探検のように直接の支援者ではなかったし、すでに八〇歳を越える高齢でもあり、遺族の後事を頼めるような関係の人ではなかったのだと思われます。それでもマーカムは、遺書を残されたごく少数の人たちに次ぐ人だったと言えます。時間が許せば書いたはずの人だったと思われます。事実、妻への手紙には「マーカム卿に伝えてもらいたい」の直前に「時間がなくてマーカム卿に書けない」と書かれています。そしてマーカムだけではなく、続けてほかに、よろしく伝えてほしい、と二人の名を書いており、そのあとに前掲のレジナルド・スミス夫妻の名をあげて、親しくするように、と書いています（グイン前掲書二一三ページ）。この人たちも時間がなくて書けなかった人たちのように思われます。

妻への手紙にはまた、時間があったら息子へも書くつもりだ、成長したとき読んでもらえるように、という言葉があります。しかしその手紙も、その内容についての言及も、最後の手紙をかなり詳しく紹介しているグインの著書に見当たらず、また当の息子ピーター・スコットの自伝『風の目』にも見当たらず、それにはただ、父が自分のことを母への手紙に頼んでいる、とだけ書いてあります。したがって実際にはスコットはそれが書けなかったのです。息子にも、書けたら書こうと思いながら書けなかったということは、時間がなくてマーカム卿に書けない、というスコットの言葉が文字どおりだったことを物語っていると思います。

これらのことから、私にはマーカム宛てに遺書がなかったことは、状況の成り行きの結果であって、そこには「謎」や「キナくさい匂い」はないと考えられます。

スコット夫人と子息ピーター・スコット
『スフィア』誌（THE SPHERE　球体）
1913年2月15日号付録　スティーヴ・パーカー編著写真集『スコットの最後の探検』
ロンドン　自然史博物館

遺書がなかったのを「謎」と感じさせる元が、私の翻訳のまずさにあったのかもしれません。（『本多勝一集28』では原文でなく中田の翻訳によって論評しているようですので）。

スコットの、妻への手紙の最後が、中田の

訳で「マーカム卿に伝えてください。私が卿を深く尊敬していたと、そして卿が私をディスカヴァリー号の指揮者になさったことを最後まで恨みはしなかったと」となっていることです。「恨みはしなかった」の原文は「regretted」で、regret は「…を後悔する、…を残念に思う」という意味です。国語辞典を見ますと「恨む」には、（望み通りにならなくて）残念に思う、という意味も書いてあり、そして「憾む」とも書く、とありますから、私の訳は間違いではないと思いますが、「憾みに思うことはなかった」あるいは「残念に思うことはなかった」とする方がよかったようです。自分の死に対してマーカムが責任を感じないようにとの配慮からの言葉と考えられます。（本書一四二ページのマーカムの言葉参照。）

スコットの日記には（手書き原文の複写を見ても）、『本多勝一集28』に書かれているような、マーカムとの間で「謎めいた」り、「キナくさい匂いを感じ」させたりするような、また、マーカムを悪い意味で恨んでいるような印象を少しでも受ける部分は私には見当りません。

第二部　一三　スコットの日記の虚偽

「アムンセンがきたからと言って、科学隊を縮小して極地隊を強化することをしなかった」とスコットは日記にも書いているし、のちに息子が日記の序文でも書いている。しかし実は、極地隊を強化するために片方の科学隊を縮小するということをやっているわけです。

右のような批判が『本多勝一集28アムンセンとスコット』に書かれています（三二九〜三三〇ページ）。スコットが日記にうそを書いている、という批判になります。私にはこの批判は二重に誤っていると思われます。

一　『本多勝一集28』では、右のように、引用記号に入れた部分がスコットの日記の言葉であることになっています。読者は当然スコットが日記にそのように書いていると考えます。しかしスコットの子息ピーター・スコットが、スコットの日記の後年の版の序文でそのようなことを書いていますが、スコットの日記にはそういう言葉はありません。強いてスコットの日記に関係がありそうな記述を探すと、「こういうことが起こらなかった場合と寸分違えず続けてゆく」というのがあります（一九一一年二月二二日。『スコットの最後の探検』原著第一巻一八七ページ。中田訳『南極探検日誌』一二一ページ）。そしてスコットはそのとおり実行しています。（本書一三八ページのウィルソンの言葉参照。）

二　『本多勝一集28』には、スコットが、極地隊を強化するために科学隊を縮小している、とあります。しかし科学隊の誰がそれに当たるのかを書いてありません。根拠を示してありません。実際には根拠はないのです。というのは、科学隊員たちはそれぞれ予定の調査・研究の準備をして参加しているので（本書一四五ページのシンプソンの例参照）、そういうことが実際にあれば、それは、計画の中途での変更という重要なことですから、スコット自身が書いていなくても、直接縮小される立場にいた何人もの科学隊員たちの誰かの記録には残るはずであり、その後の論評にも言及があるはずだからです。私はこの探検隊関係の基本的文献を入手できるかぎり目を通していますが、そういう記述や言及を目にしたことが全くありません。

『本多勝一集28』には、また、スコット隊で極点旅行にあとで馬（ポニー）を二頭加えたことが、スコットの日記の記述に反するという文脈で書かれています（三二九ページ）。確かに極点隊では当初の計画よりも馬が二頭増えました。しかしそれは別働隊（キャンベル隊）が、予定の変更のために、自分たちに割り当てられていた二頭の馬が、新たな目的地では（地形の関係で）役に立たないだろうと考えて極点隊に譲ることにしたためで、スコットの指示によるものではありませんでした。また、その時にはスコットは貯蔵所設置旅行中で、かかわりようのないことでした。つまりこの件にはスコットは無関係でした（チェリー・ギャラード著『世界最悪の旅』原著二三一ページ参照。中田訳二八一ページ）。したがって『本多勝一集28』にある右の批判は思い違いによるものだと思われます。

スコットは日記にうそを書いてはいません。

第二部　一四　チェリー‐ギャラードのスコット評の矛盾

アプスレー・チェリー‐ギャラードが著書『世界最悪の旅』の中でスコットの人物評をしています。（原著第六章、二〇一〜二〇三ページ。中田訳二六〇〜二六三ページ）。これは端的にスコットを知る最適の人物評だと私は思っていますが、『本多勝一集28アムンセンとスコット』には、その内容が矛盾しているとして、次のように書かれています。（三五四ページ）

「人間スコット」という章のなかで、「まことに彼は、好むと好まざるとにかかわらず強く人をひきつける性格をもっており、二言三言の同情あるいは賞賛のことばをもって部下や友人をひきつけるに妙を得ており、実に私は男といわず女といわずこれまでスコットのように思うままに人をひきつける人をほかに知らない」と絶賛している。にもかかわらず、そのあと「彼は感傷的で女のように気が小さく、これはおそらく欠点といってもいいくらいであって」とか、「隊長と部下との間に必要な結びつきが一層むつかしくなる」「肉体的に強い人ではなかった」

とか、「気質的にも彼は弱い人」とか、「非常に短気な独裁性に陥りやすかった」とか、いろいろ悪口に類する批判が出ていて矛盾している。「怒りっぽく、興奮しやすく、いらいらして気ふさぎで、気むずかしく」とも書いてある。そうかと思えば終わりころに「たしかにその最大なるものは、彼の弱さそのものを征服して、われわれがよろこんでその下にしたがったところの強き隊長となった点である」とまたもちあげている。

ここを読んで、私（中田）は『本多勝一集28』と違って、内容が矛盾しているようには感じません。人物評として長所を称賛し短所を指摘しているのですから矛盾することはないと思います。

チェリー‐ギャラードのスコット評は、人一倍複雑だったらしいスコットの性格を分析していろいろに表現していて、いくらか込み入っていますが、しかし、矛盾はないと思われます。矛盾がないとする私の読み方として、私の訳を以下に示します。（全文）

スコットは努力しているふうでもないのにずいぶん多くの仕事をやりとげるので、いつも私はびっくりしていたが、その彼が基本的に探検隊の推進力となっていた。小屋〔基地の宿舎〕では物静かに計画を練り、大量の数字を計算し、基地の科学の仕事に多大の関心を示し、そして時にはほんの片手間に、近辺にある難解な問題について丹念な論考を書き上げたりした。パイプをくゆらせながら良書を読むのを好み、ブラウニングやハーディ（『テス』が彼の愛読書のひとつだった）、それにゴールズワージーなどで、またバリー〔ピーター・パンの創造者〕は彼の親友中の親友の一人だった。

彼は使えそうな提案があると進んで受け入れ、またいつも熱心に、どんなに実現性の乏しい考えでも取り上げて、どうかしてそれを望みの目的に合わせられないか検討した。鋭敏で現代的な頭脳を実地と理論のどんな問題にも徹底して働かせた。好き嫌いがはっきりしていたが、本質的に魅力的な人柄で、同感あるいは称賛の言葉を二言三言かけることによって随行者を友人にしてしまう能力にたけていた。ここと思った時に彼ほど魅力的になれる人を、男女を問わず、ほかに私は知らない。

そり引き旅行では彼は私の聞いたことのある誰よりも頑張って進んだ。スコットといっしょのそり引き旅行を経験して初めて人は彼を理解した。ビアドモア氷河を登る時には、われわれは二四時間中一七時間ほど全力で奮闘していた。そして翌朝起床すると、まるでさっき就寝したばかりのような気がした。昼食の時刻になるころには、午後はとうてい午前と同じほどの仕事は出来まいと思った。一杯のお茶と乾パン二枚が驚くような働きをし、午後の行進の初めの二時間はなかなか好調だった。なかなかどころか、一日のうちでいちばん好調だった。しかし四時間半か五時間ほど進むと、われわれはスコットに注目し始めた。彼が左右にちらちら目をやって野営の適地を探すしぐさを始めるのを待つのだ。「止まれ！」とスコットが叫ぶ。それから、「何時かね、タイタス」とオーツに尋ねる。オーツは期待しながら、たとえば、七時です、と答える。するとスコットは「ようし、もうちょっと進むことにしよう」と言う。そして「行くぞ！」となる。停止して野営の支度をするのは一時間かもう少しあとになることもあった。時にはブリザードが明るい兆しを見せることがあった。スコットには停滞は許されなかった。疲れた体にとってブリザードがどんなに有難かろうと（夏のそり引きに限ってのことだが）、スコット自身にはいかなる後れも耐え難いことだった。停滞が責任者にとってどれほど厳しいことか、それは容易にわかるものではない。われわれの方は、ただあとについて行き、起こされた時に起き、力の限り引き、それぞれの仕事をできるだけ完全にそして手早く行なえば、そ

そりを引いて進むスコット隊の極点班
H・R・バワーズ大尉撮影
『スコットの最後の探検』原著第一巻

れでよかった。スコットには、われわれと同じだけ肉体労働をしたうえに、距離や重量や食糧などの調整という仕事があった。そり引き旅行では、責任と肉体労働とが、ほかではめったに見られないほど高度に結びついている。

彼は光と陰に満ちた、捕らえ難い性格の持ち主だった。

イギリスではスコットはヒーロー〔英雄〕ということになっていて、彼を一人の人間として考えることはめったにない。彼は、つまらなくは決してなかった我々一団のなかでも、間違いなく最も貫禄のある人物だった。それどころか、彼は人間のどんな集団に入っても重んじられただろうことは疑いない。しかし、彼と知り合った人で、彼がどれほど内気で遠慮がちな性分だったかを悟った人は少ない。彼が実にしばしば誤解を受けたのは、ひとつにはそのためだった。

加えて彼は感じやすい人だった。女のように感じやすく、弱点と考えられても仕方のないほど感じやすかった。そういう人にとっては人の上に立つのは明らかに殉教にも似た苦難だろう。そして隊長と隊員のあいだにぜひ必要な信頼関係、それはどうしても互いの理解と信頼感に基づかなくてはならないものだが、その信頼関係自体がそれだけ生まれにくくなることも疑いなかろう。スコットの真価を素早く理解するには察しのよい人を必要とした。そうでない人々は経験によって知るようになった。

彼は身体的にはとりわけ強健だったわけではなく、子供のころにはひ弱で一時は成人するのも危ぶまれていた。しかし彼は均整のとれた体をしていて、広い肩幅としっかりした胸を持ち、強健さではウィルソンより優れ、バワーズや水兵エヴァンズには一歩を譲った。彼はよく消化不良を起こしていて、ビアドモア氷河の頂上で私に話したところでは、氷河を登り始めたころにはとうてい進み続けられまいと思ったそうだ。

気質的には彼は弱い人で、怒りっぽい独裁者になったとしても不思議はなかった。しかし実際には、彼は落ち込んで欝状態になり、それが二週間、三週間と続くことがあった。その証拠は彼の日記にいくらでも見られる。神経質な人でも物事は実行する。しかしそういう人は実行するのに時には恐ろしく苦しい思いをする。スコットは私の知る誰よりも簡単に大声をあげた。

スコットを持ちこたえさせたものは性格だった。完全に良質な性質だった。それが彼の弱い部分の上下を覆い中を貫いて、そこをしっかり固めていた。彼をあらゆる美徳の持ち主だったように言うのは愚かなことだ。たとえば彼はユーモアの感覚が乏しかったし、また人を判断するのが不得手だった。しかし、彼が最期を間近にして書いたものを一ページでも読めば、人は彼の正義の観念をある程度知ることができる。彼にとっての正義は神だった。本当のところ、人はそのあたりの数ページを残らず読むべきだと私は思う。一度読んだら、人は恐らくもう一度読むだろう。想像力が特に豊かでなくても彼がどんな人間だったかがわかるだろう。

憂欝に襲われることが極度に多かったにもかかわらず、スコットは私の知るかぎり、強い身体に強い精神が最も強力に結びついた人だった。それは元はといえば、彼がとても弱かったからだ！　生まれつきはとても怒りっぽく、過度に神経質で、いらだったり落ち込んだりし、そして気難しかった。実際には、自己を見事に克服し、活力にあふれ、推進力と決断に富み、そのうえに本来の個性的で強い魅力を彼は備えていた。彼は生まれつきは怠惰だった。自分でそう語っている。彼にはかつて貧乏な時期があった。だから彼は自分の扶養者を窮状に陥れるのを極端に恐れていた。そのことは彼の最後の手紙とメッセージの中に何度も出てくる。

彼は南極点を征服したイギリス人として、またかつての誰にも劣らぬ立派な最期を遂げたイギリス人として、歴史に残るだろう。彼の大きな成功はいくつもある――しかし極点は決してそれらのうちの最大のものではなかった。最大のものは、間違いなく、彼が自己の弱点を克服して強力なリーダーとなるのに成功したことで、そういう彼にわれわれはついていき、そして彼を愛するようになったのだった。

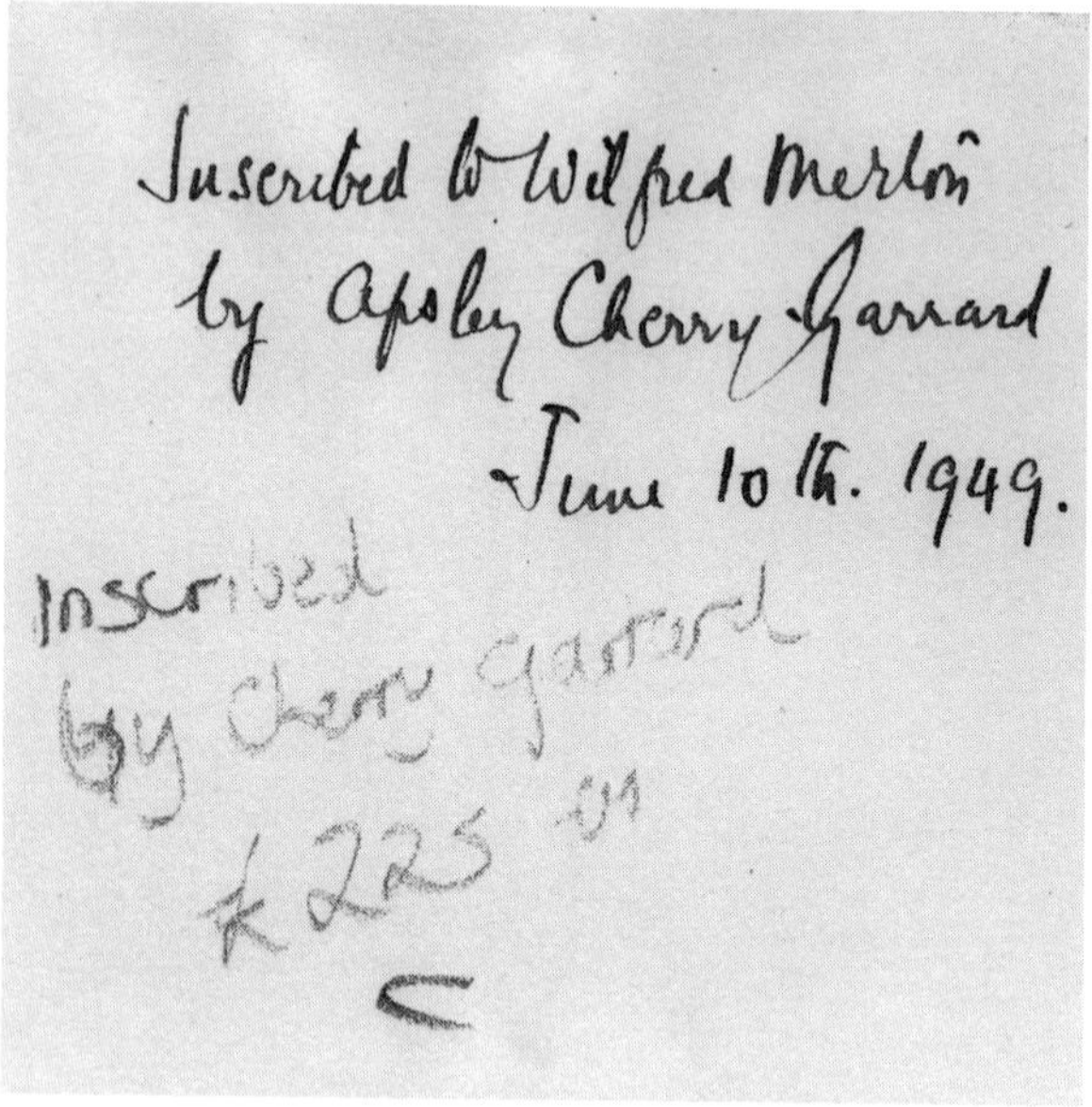
Inscribed to Wilfred Merton
by Apsley Cherry Garrard
June 10th. 1949.
Inscribed
by Cherry Garrard
£225

A・チェリー - ギャラードの筆跡
『世界最悪の旅』献呈本の著者による献辞・署名・日付

「謹呈　ウィルフレド・マートンへ
アプスレー・チェリー - ギャラードから
1949年6月10日」

左下のかすれた部分は古書店による説明と価格のようである。
「チェリー ギャラードによる献辞あり　225ポンド」

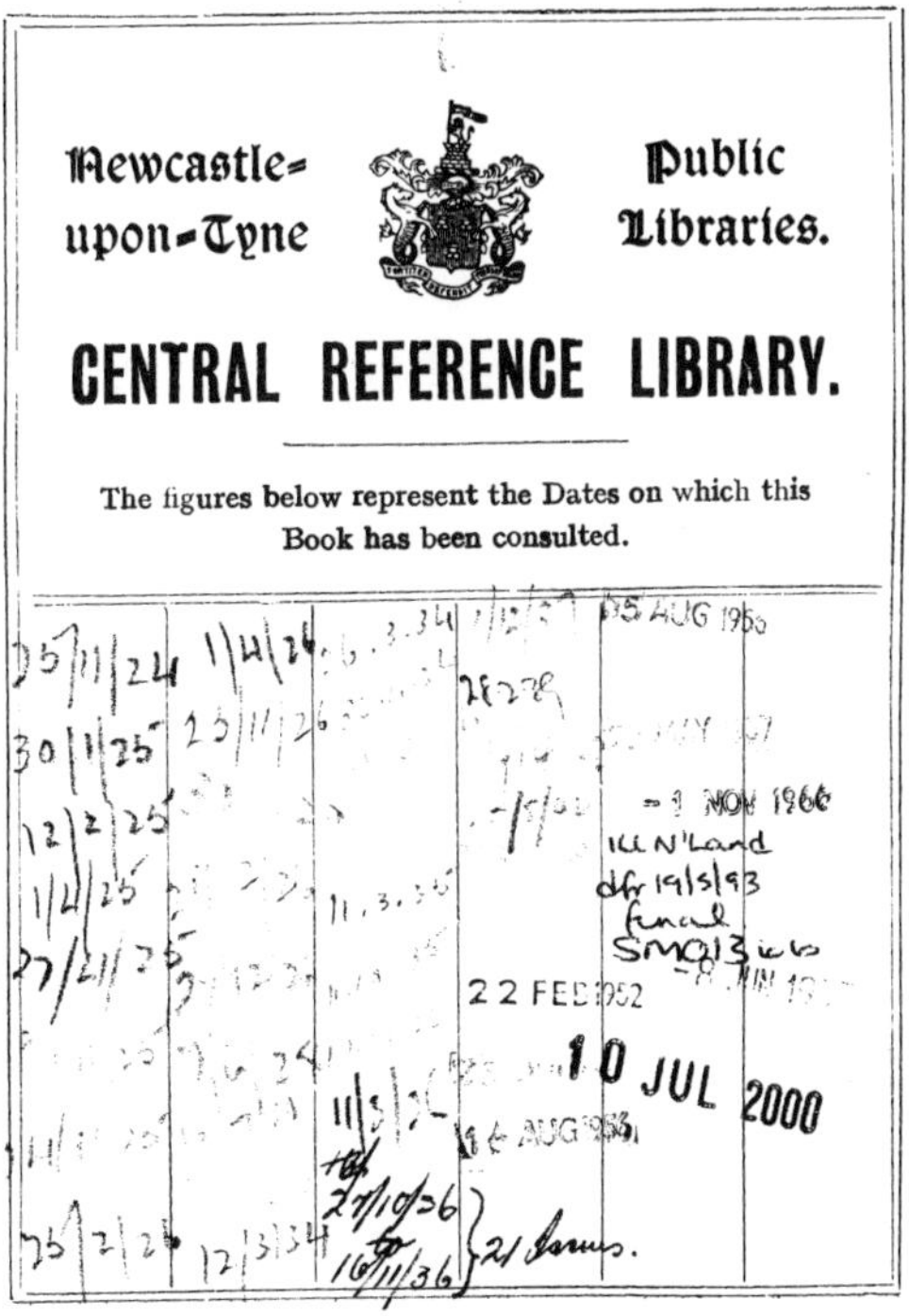
Newcastle-upon-Tyne Public Libraries.

CENTRAL REFERENCE LIBRARY.

The figures below represent the Dates on which this Book has been consulted.

25/11/24
30/11/25
12/2/25
1/4/25
27/4/25
25/2/26
1/4/26
25/11/26
12/3/34
11/3/36
27/10/36
16/11/36
21 Issues.
22 FEB 1952
10 JUL 2000
-1 NOV 1966
ILL N'Land
dfr 19/5/93
final

A・チェリー - ギャラード著『世界最悪の旅』原著初版本に貼ってある公立図書館の閲覧記録（75％に縮小）
館内閲覧のようである。2000 年 7 月 10 日の印は廃棄した日付のようである

（上部の文面の訳）

ニューカースル - アポン - タイン　公立図書館

中央参考図書館

下記の数字はこの本が参考に使用された日付を示す

文献　（網羅的なものではありません。順不同）

スコット著『スコットの最後の探検』

Scott's Last Expedition. Smith, Elder & Co., 1913. 現行版ではペーパーバックの次の本があります。Robert Falcon Scott : *Journals, Captain Scott's Last Expedition.* Oxford World's Classics. 中田修訳『スコット南極探検日誌』ドルフィンプレス、一九八六年。（原著第一巻のスコットの日記の翻訳）。

スコット著『スコットの最後の探検』縮約版　ピーター・スコット序文付

Scott's Last Expedition. Captain Scott's Own Story. Extracts from the Personal Journals, Introduced by Peter Scott. John Murray,1964.

スコット著『ディスカヴァリー号の航海』

The Voyage of the "Discovery". John Murray, 1905.

アムンセン著『南極点』

Sydpolen. Jacob Dybwads Forlag, 1912. 中田修訳『南極点』ドルフィンプレス、一九九〇年。朝日文庫、一九九四年。

アムンセン著『探検家としてのわが生涯』

Mitt Liv som Polarforsker. Gyrdendal Norske Forlag 1927.

英語版 *My Life as an Explorer.* Doubleday, Doran & Company, INC. 1928.
加納一郎抄訳『アムンゼン探検誌』朋文堂、昭和一七年（一九四二年）。

フォッグ著『南極の科学の歴史』
Fogg, G. E.: *A History of Antarctic Science.* Cambridge University Press,1922.

スコット著『ロバート・スコット大佐の日記』（手書き原文複写版・全五巻）
The Diaries of Captain Scott, A Record of the second Antarctic Expedition 1910–1912, University Microfilms LTD, 1968.

プレストン著『第一級の悲劇』
Preston, Diana: *A First Rate Tragedy, Captain Scott's Antarctic Expeditions.* Constable, 1997.

モーソン著『モーソンの南極日記』
Mawson, Douglas: *Mawson's Antarctic Diaries.* A Susan Haynes Book, Allen & Unwin, 1988.

モーソン著『ブリザードの家庭』
Mawson, Douglas: *The Home of the Blizzard.* Heinemann, 1915.

ロソーヴェ編著書誌『南極大陸、一七七二年―一九二二年、一九九九年までの単行本』
Rosove, Michael H.: *Antarctica 1772–1922, Freestanding Publications through 1999.* Adelie Books, 2001.

ヘイズ著『南極大陸。南の大陸に関する論文』

Hayes, J.Gordon: *Antarctica : A Treatise on the Southern Continent.* Richards, 1928.

シャックルトン著『南極大陸の心臓』

Shackleton,E.H. : *The Heart of the Antarctic.* William Heinemann, 1909.

チェリー - ギャラード著『世界最悪の旅　南極の　一九一〇年—一九一三年』

Cherry-Garrard, Apsley: *The Worst Journey in the World : Antarctic 1910–1913.* Constable, 1922.

加納一郎訳『世界最悪の旅』朋文堂、一九四四年。朝日文庫、一九九三年。中田修訳『世界最悪の旅　南極の　一九一〇年—一九一三年』オセアニア出版社、二〇一七年。

ドゥアリー著『モーニング号の航海』

G.S.Doorly: *The Voyages of the 'Morning'.* Smith, Elder & Co., 1916. Bluntisham Books and Erskine Press, 1995.

タリー作『テラ・ノヴァ号』、戯曲

Tally, Ted. *Terra Nova: A Play by Ted Tally.* Garden City, New York. Nelson Doubleday, Inc., 1981.

ウィルソン著『ディスカヴァリー号南極探検日記、一九〇一年—一九〇四年』

Wilson, Edward: *Diary of the 'Discovery' Expedition to the Antarctic 1901–1904.* Blandford, 1966.

ウィルソン著『テラ・ノヴァ号南極探検日記、一九一〇年〜一九一二年』

Wilson, Edward: *Diary of the 'Terra Nova' Expedition to the Antarctic 1910–1912.* Blandford, 1972.

スコット（ピーター）著『風の目』

Scott, Peter: *The Eye of the Wind*. Hodder & Stoughton, 1961.

グイン著『スコット大佐』

Gwynn, Stephen: *Captain Scott*. John Lane The Bodley Head, 1929.

ブレント著『スコット大佐』

Brent, Peter: *Captain Scott*. Saturday Review Press, 1974.

カーワン著『白い道　南極探検の歴史概要』

Kirwan, L. P. : *The White Road: A Survey of Polar Exploration*. Hollis & Carter, 1959. *A History of Polar Exploration*. W. W. Norton, 1960.

加納一郎訳『白い道—極地探検の歴史—』社会思想社、一九七一年。

ハックスレー著『南極のスコット』

Huxley, Elspeth: *Scott of the Antarctic*. Atheneum, 1978.

ハントフォード著『スコットとアムンセン』

Huntford, Roland : *Scott and Amundsen*. Weidenfeld, 1979.

ライト著『サイラス。チャールズ・S・ライトの南極の日記と手記』

Wright, Charles S. : *Silas: The Antarctic Diaries and Memoir of Charles S. Wright*. Ohio State University Press, 1993.

ポンティング著『大きな白い南』
Ponting, Herbert G. : *The Great White South.* Duckworth & Co., 1921.

テーラー著『スコットとともに　明るい一面』
Taylor, Griffith : *With Scott: The Silver Lining.* Smith. Elder, 1916; Bluntisham Books·Erskine Press, 1997.

ピアリー著『北極点』
Peary, Robert E. : *The North Pole.* Hodder & Stoughton, 1910. 中田修訳『北極点』ドルフィンプレス、一九九三年。

クック著『わが極点到達』
Cook, Frederick: *My Attainment of the Pole.* Mitchell Kennerley, 1912.

『エヴリマン百科事典』
Everyman's Encyclopaedia. Fifth Edition, 1967. Dent.

ドン・オールドリジ著『スコット隊長の救出』
Don Aldridge: *The Rescue of Captain Scott.* Tuckwell Press, 1999.

マンヴェル編『イギリスのシナリオ三篇』（中に『南極のスコット』）
Three British Screen Plays. edited by Roger Manvell. Methuen & Co. Ltd., London, 1950.

シャルコ著『プルコワ・パ号の航海』

The Voyage of the 'Pourquoi-pas?', The Journal of the Second French Sonth Polar Expedition, 1908–1910, by Jean Charcot. Archon Books. C. Hurst & Co. (Publishers) Ltd., 1978.

ナンセン著『フラム号北極海横断』
Nansen, Fridtjof : *Fram Over Polhavet, Den Norske Polarfaerd, 1893–1896.*
H. Aschehoug & Co. s Forlag, 1897.
英語訳 *Farthest North.* Archibald Constable and Company, 1897.
沢田洋太郎訳『極北』福音館書店、一九七六年。太田昌秀訳『フラム号　北極海横断記—北の果て—』ニュートンプレス、一九九八年。

本多勝一著『アムンセンとスコット』教育社、昭和六一年。

本多勝一著『本多勝一集28アムンセンとスコット』朝日新聞社、一九九九年。

舟津圭三著『犬ぞり隊、南極大陸横断す』講談社、一九九二年。

樺山紘一他編『人物20世紀』講談社、一九九八年。

木村義昌・谷口善也著『白瀬中尉探検記』大地社、昭和十七年。

横山厚夫著『山麓亭百話』白山書房、一九九九年。

S・ジョンソン著、京兼玲子訳『アイスキャップ作戦』文春文庫、二〇〇一年。

島田巽著『ふだん着の英国』暮しの手帖社、昭和三〇年。

山内はじめ・文、三上登・絵『ぼくの南極越冬記』福音館書店、二〇〇六年。

日本極地研究振興会『極地』。（定期刊行物）

本多敏治著『「ふじ」南極航海記』朝日新聞社、昭和四一年。

マウント・エバンズ著、加納一郎訳『南極へいどむ』朋文堂、昭和三一年。

リチャード・E・バード著、遠藤斌訳『バード南極探検誌』緑地社、昭和三一年。

村山雅美著『南極点への道』朝日新聞社、昭和四四年。

ウォルター・サリヴァン著、田中融二訳『南極大陸――人間の記録――』講談社、昭和三三年。

北村泰一著『南極第一次越冬隊とカラフト犬』教育社、昭和五七年。

日本極地研究振興会『南極観測隊』技報堂出版、二〇〇六年。

神沼克伊著『南極情報一〇一』岩波書店、一九八三年。

神沼克伊著『南極の四季』新潮社、一九九四年。

若井登・小口高編著『14人と5匹の越冬隊』南極観測第3次越冬隊、二〇〇八年。

雁部貞夫著『岳書縦走』ナカニシヤ出版、二〇〇五年。

日本山岳会『山岳』第百十二号、二〇一七年八月十五日発行。

南極探検後援会編著『南極記』（復刻）白瀬南極探検隊を偲ぶ会、昭和五九年。

中田修著『南極のスコット』清水書院、一九九八年。

地図 A

スコットの第一次南極探検（1901 ～ 1904）出発前の南極地域

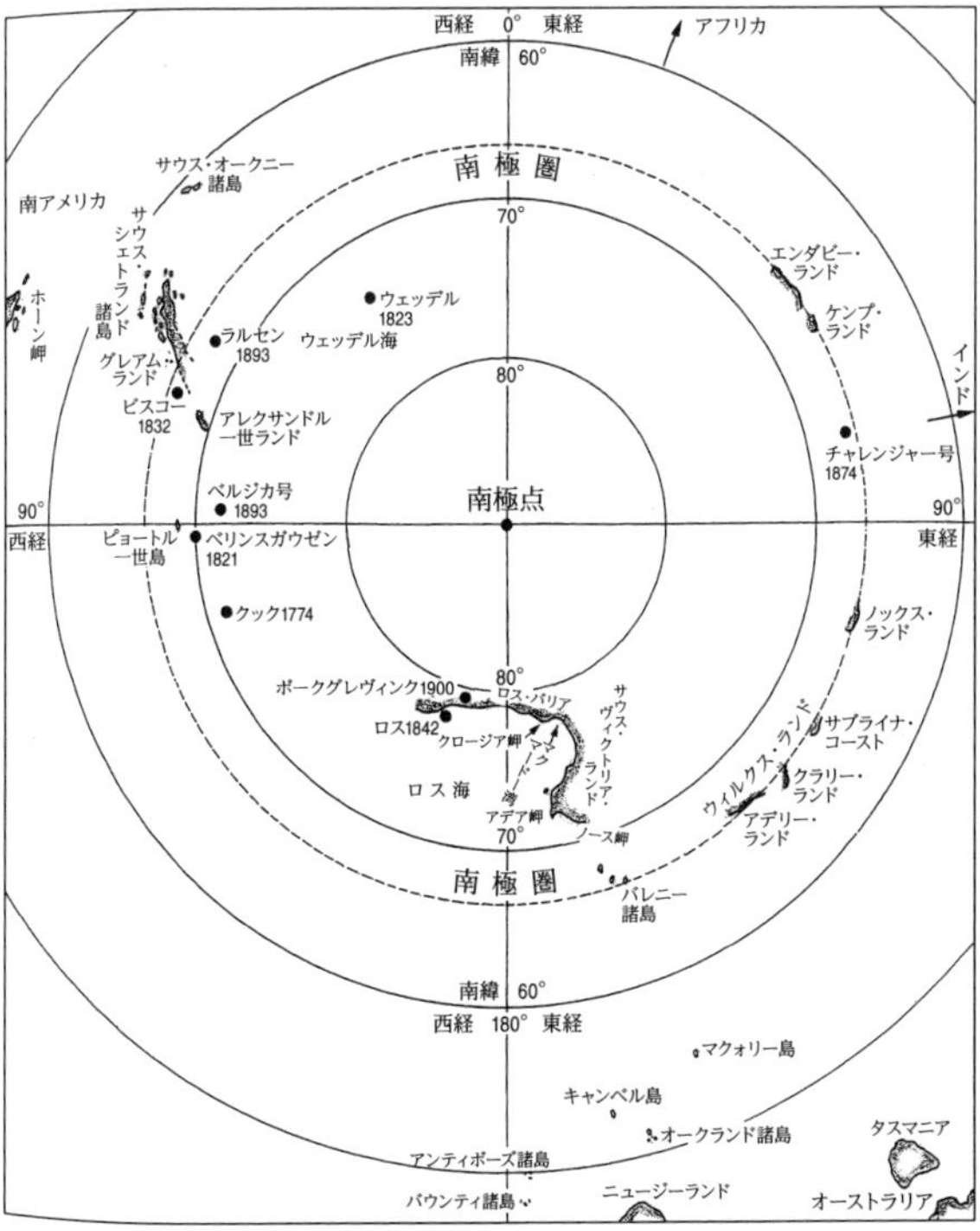

ロンドン・王立協会『国民南極探検 1901 年 -1904 年：気象学』原著

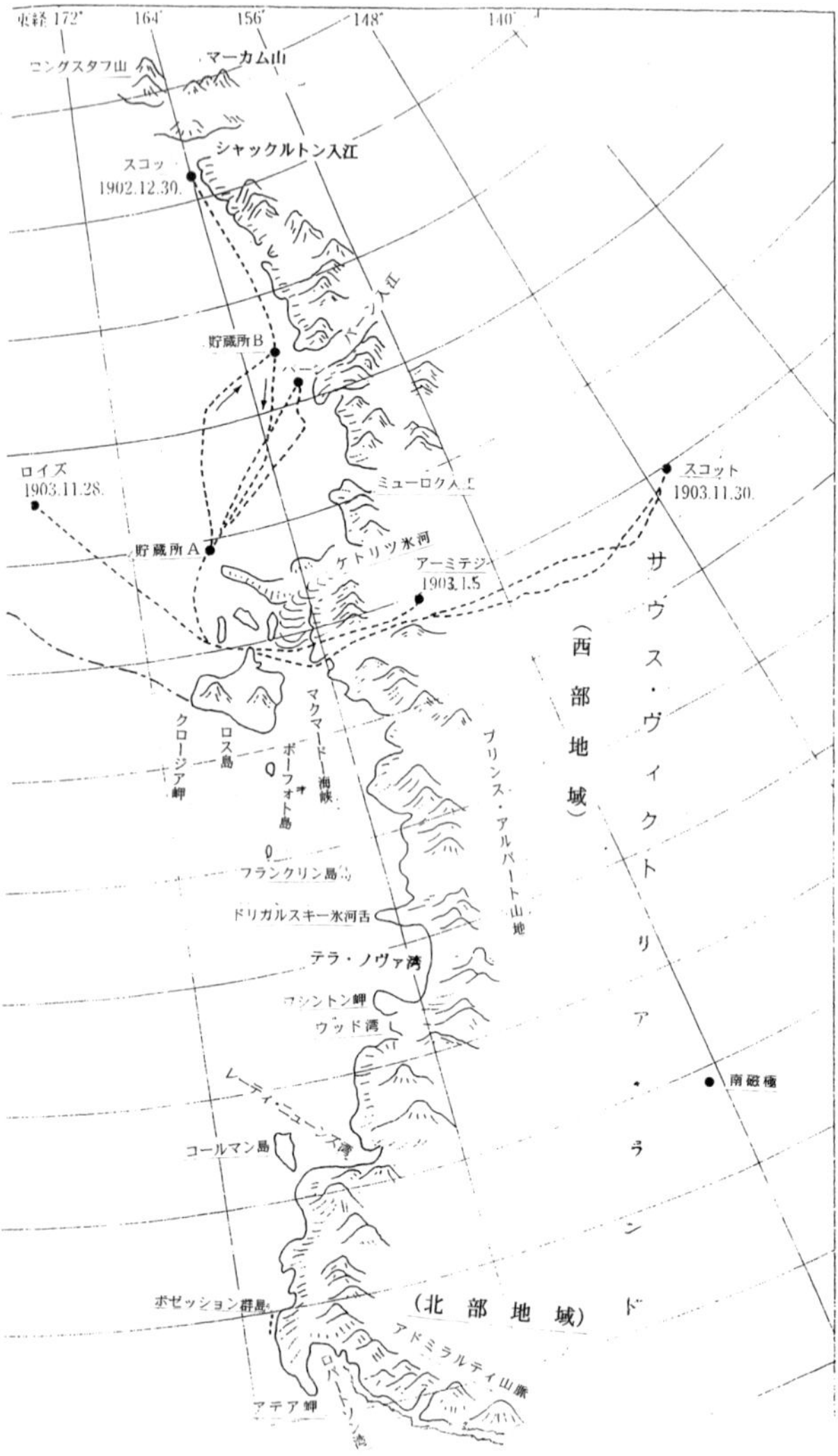
東経 172°
164°
156°
148°
140°
コングスタフ山
マーカム山
シャックルトン入江
スコット
1902.12.30.
バーン入江
貯蔵所B
ロイズ
1903.11.28.
ミューロク入江
スコット
1903.11.30.
貯蔵所A
ケトリッツ氷河
アーミテジ
1903.1.5
サウス・ヴィクトリア・ランド
(西部地域)
クロージア岬
ロス島
ボーフォート島
マクマード海峡
プリンス・アルバート山地
フランクリン島
ドリガルスキー氷河舌
テラ・ノヴァ湾
ワシントン岬
ウッド湾
レディ・ニューンズ湾
南磁極
コールマン島
ポゼッション群島
(北部地域)
アドミラルティ山脈
アデア岬
ロバートソン湾

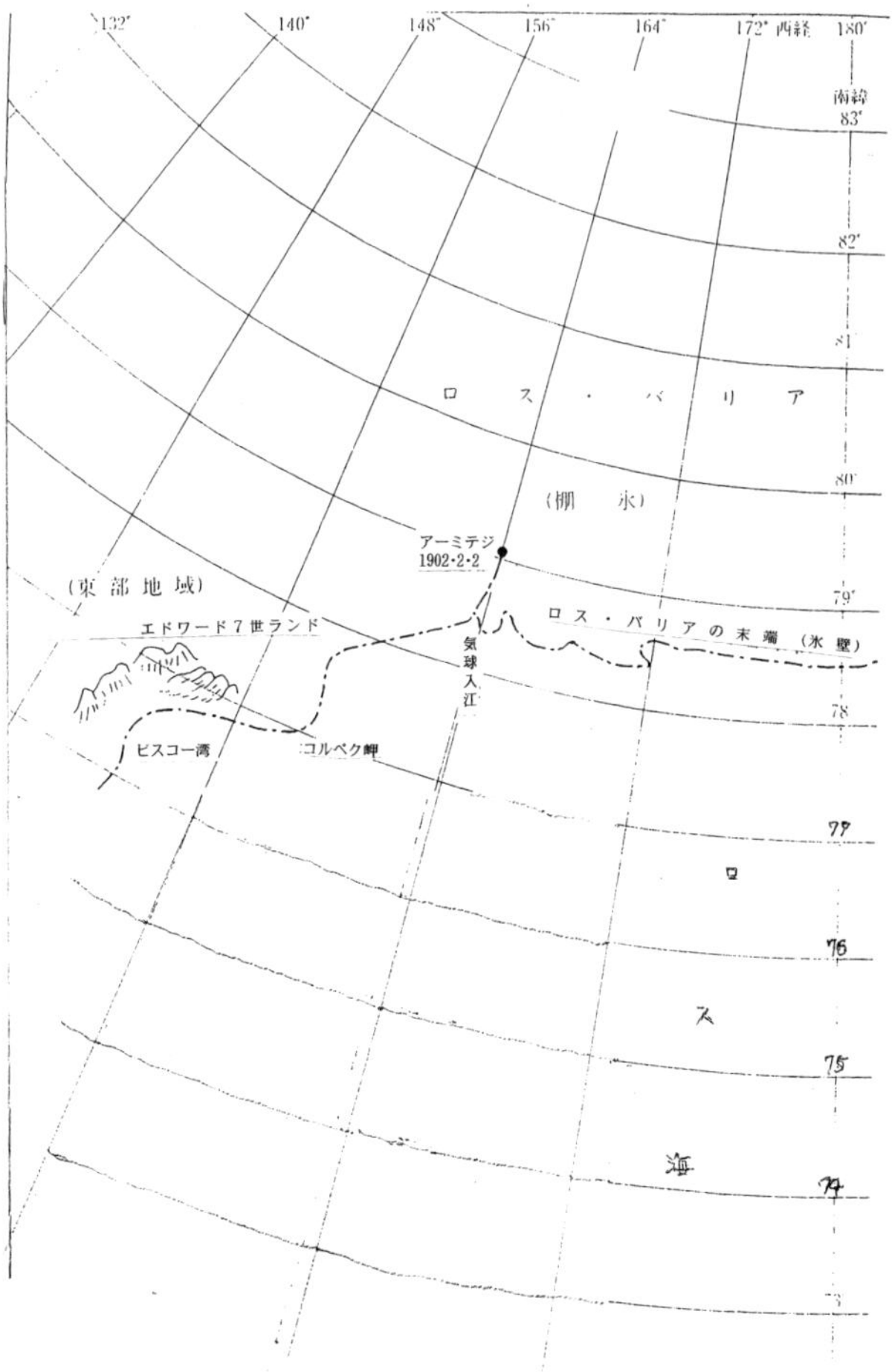

地図 B

スコット第一次南極探検行動域
スコット著『ディスカヴァリー号の航海』原著普及版 1953 年

地図 C

ロス島と西部地域

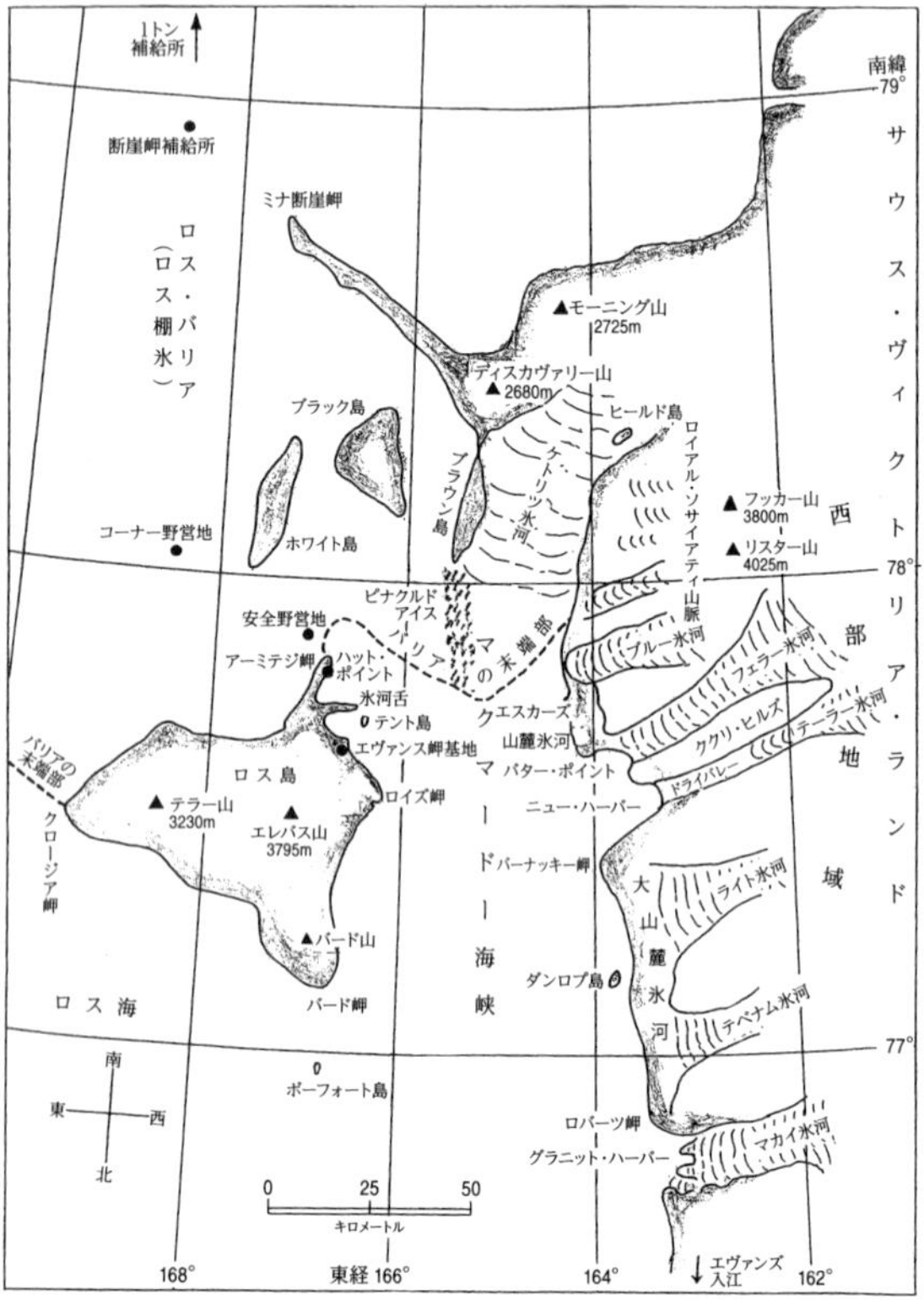

スコット著『スコットの最後の探検』原著第二巻

地図D

マクマードー海峡地域

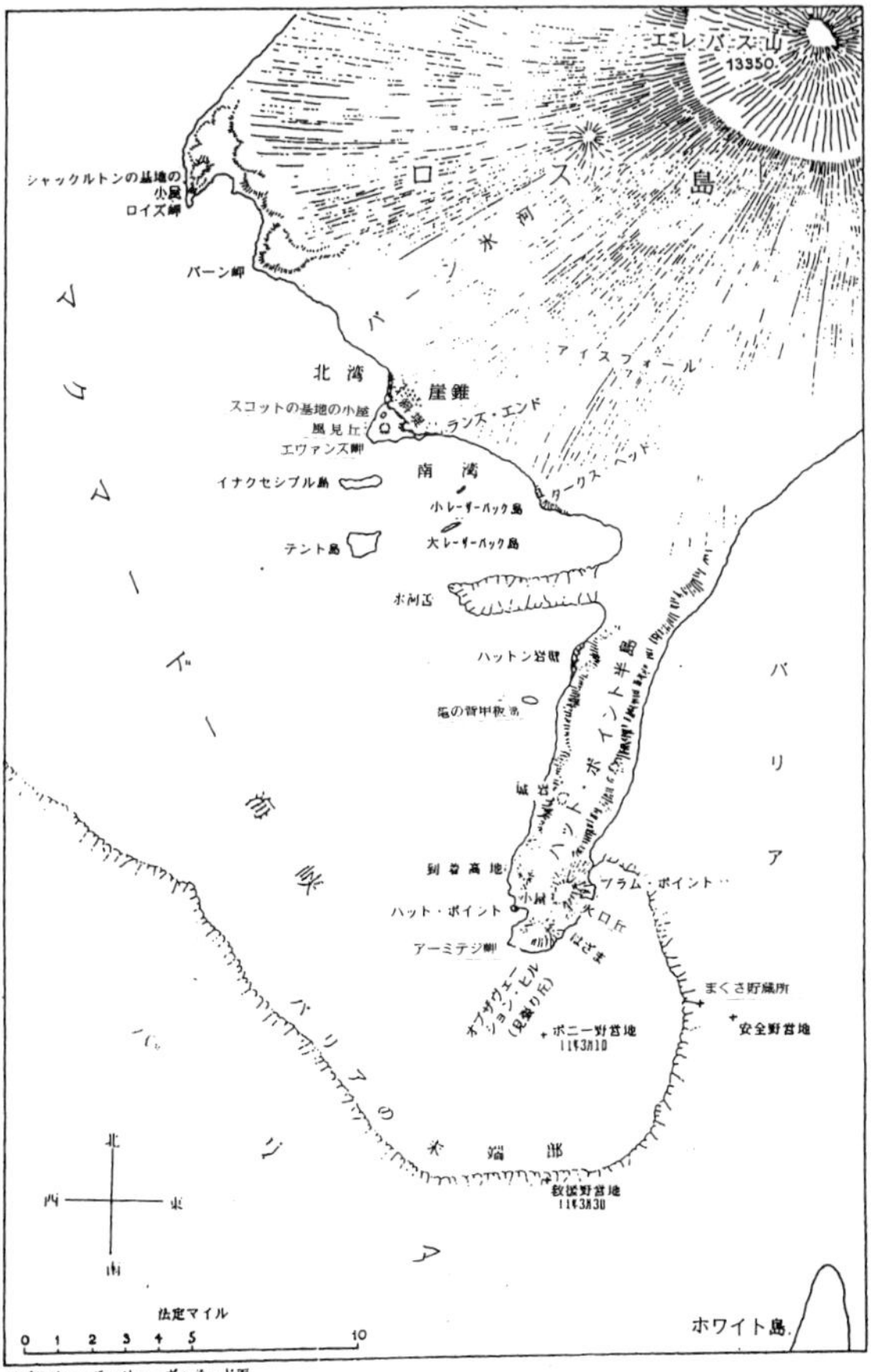

アプスリー・チェリー－ギャラード画

チェリー－ギャラード著『世界最悪の旅』原著

地図E

スコット第二次探検　極点旅行ルート

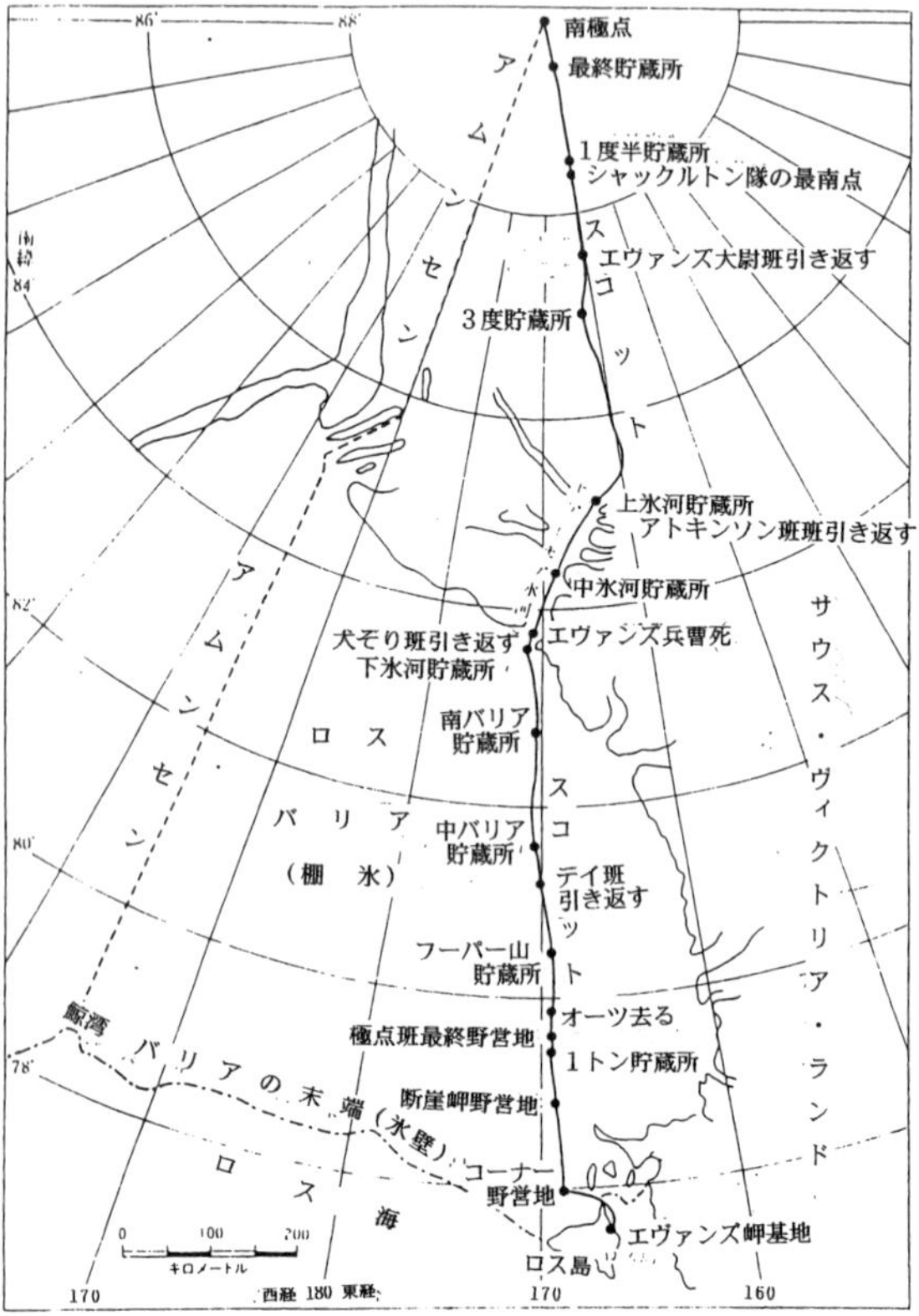

スコット著『スコットの最後の探検』原著第一巻

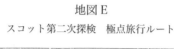

地図F

スコット極点旅行ルート　ビアドモア氷河の区間

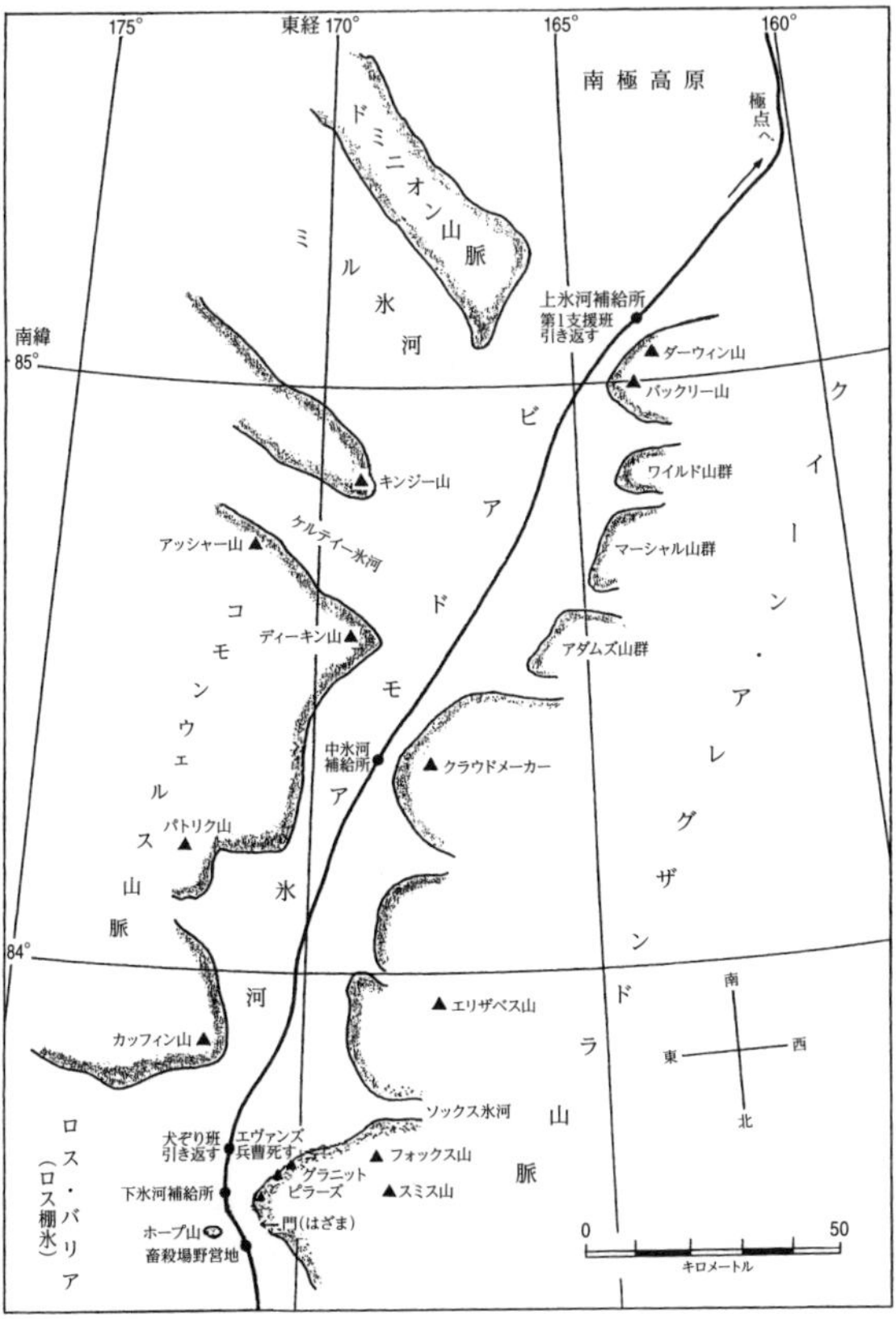

スコット著『スコットの最後の探検』原著第一巻
シャックルトン著『南極大陸の心臓』原著第二巻

あとがき

本書の第一部は、スコットあるいは極地探検について私が折々に書いた雑文を集めたものです。今度書き足したものもあります。

第二部として、『本多勝一集28アムンセンとスコット』に見られる、私には誤りと思われる、スコット（隊）に対する批判的な論評の主な部分を点検しました。それをまとめてみますと、それらは、根拠となるはずのスコットの日記やウィルソンの日記、チェリー‐ギャラードの著書、アムンセンの著書などの記録を確かめることなく、スコット（隊）について、事実ではない、誤った悪い思い付きを書いたものであるということになります。それらのほかにも、スコット（隊）を悪く書いたところがありますが、それらも誤りです。『本多勝一集28』ではまた、スコットが詳しく書いていることを書いてないとしたり、スコットが書いていないことをスコットの言葉として書いてあるところもあります。スコットの言葉を書き替えてあるところもあります。隊員チェリー‐ギャラードが書いていないことを、書いていることにしているところもあります。したがって、『本多勝一集28アムンセンとスコット』のそれらの部分を元にした第三者による評論も正当なものではあり得ないことになります。このように、事実とは無関係のような、放談ふうのものでなく、正当な、世界に通用する、スコット像が日本での知識になることが望まれます（本書四八ページのロソーヴェの言葉および二一三—二一九ページのチェリー‐ギャラードのスコット評参照）。

原稿の点検を横山厚夫氏、宇都木愼一氏、保田大平氏にお願いし、三氏から率直かつ有効な助言をいただきました。第一部の六と一〇は横山氏の助言が元になってできた章です。保田太平氏からは、原稿の整理と出版の事務面で多大の助力もいただきました。有泉学宙氏および川村學氏からも助言をいただきました。藤井理行博士は拙訳書『スコット南極探検日誌』の書評の再録を許可されました。右の訳書の書評では杉原美那子氏のものも部分的に使わせていただきました。また、拙訳書『世界最悪の旅』について岩田修二氏の書評を再録させていただきました。吉田栄夫博士、中野不二男博士は、興味深い資料を提供されました。楠宏博士からは私の極地に対する関心の全期間にわたって助言をいただきました。これらの方々に厚く御礼申し上げます。第一部の雑文を書かせてくださった出版物にも御礼申し上げます。その他なんらかの形で支援をいただいた個人の方々と団体に感謝をささげます。

本書の出版社名「ドルフィンプレスぬまづ」は、『スコット南極探検日誌』の出版社ドルフィンプレスの名称を受け継いだものです。その名称を今度快くお譲りくださった元ドルフィンプレス社主小出紹子氏に厚く御礼申し上げます。ドルフィンプレスの名称は私の学生時代の師のお一人、福田陸太郎先生が名付けられたものとのことで、それだけに思い出深い名称です。

国立極地研究所図書室（現在はアーカイブ室）、国立国会図書館、静岡県立図書館、静岡県立大学付属図書館、沼津市立図書館には蔵書の閲覧その他でお世話になりました。利用したたくさんの本の著者、編者、出版社に合わせて御礼申し上げます。

原稿を本にしてくださった羽衣出版社に御礼申し上げます。

本書についてご批判、ご感想などお寄せいただけたら有難いです。

著者　中田　修

二〇二一年一〇月

索　引

あ行

アーミテジ（アルバート）19
アーミテジ岬　13
アイゼン　189
アクセル・ハイベアク島　96
アクセル・ハイベアク氷河　149
あだ名　36
アデア岬　109
アデリーペンギン　128
アトキンソン（エドワード）31,39,42,75,107
アノアトク　96
アムンセン（ローアル）、アムンセン隊　33,47,55,70,100,110,117,137,142,149,154
『アムンゼン探検誌』（加納一郎抄訳）67,224
アルコールランプ　42
イギリス隊　66-69,72
イギリス隊別働隊（キャンベル隊）66,68,69,71,211
イギリス図書館　115
イギリス文学　110
遺書（のような手紙）47,55,203-208
遺体　27,38,41-43,51,105,107,108,171,172,175,186
一トン貯蔵所　38,57,58
犬、そり犬、犬ぞり　28.35,39,47,66-71,96,99,103,104,112,149,151,150,154,184,198
岩田修二　122,239
ヴィクトリア山脈　140
ヴィクトリア堤防公園　87
ウィルソン(エドワード、ビル)19,30,41-44,51,59,61,83,105,109,123,138,153-155,158,169,177,182,188,199,210,217
ウィルソン夫人　204,205
ヴィンス　186
上村直己　56
ウォータルー・プレイス　81
うねり（海の）9,14-17,20-22
馬（ポニー）、馬そり　47,67,104,124,189,198-201,210
英国人、英国紳士　37,83,135 198,202
エヴァンズ（エドガー）45,187-190
エヴァンズ（エドワード）16,124,125
エヴァンズ岬　32,109,147
エジャトン（G. le C.）204
越冬　9
エドワード七世ランド（キング・エドワード・ランド）66
エルズミア島　99
エレバス山　12,13
鉛筆　142
エンペラーペンギン　52 109,154

『大きな白い南』(ポンティング著) 81
太田昌秀　117
オーツ（ローレンス）33,42,45,54,168,171-174,205
王立協会　36
王立地理協会　36
オーロラ　35
オセアニア出版社　119
オブザヴェーション・ヒル（見張り丘）13

か行

カーニ（ウンベルト）95
カーワン（ローレンス）107-109
階級社会、階級差別、階級意識　167-170
海軍　140
壊血病　160
開水面（かいすいめん）9
海氷（かいひょう）201
解氷（かいひょう）9-23
海洋生物　30
海洋調査　109
海里　57
科学、科学調査、科学者、科学隊　28-31,52,129,133,140,141
火山　140
化石　141,146
『風の目』(ピーター・スコット著) 206
下層階級　167-192
加納一郎　51,67,118,154,171
神　218
雁部貞夫　55
岩石標本　52,146
乾パン　202,215
幹部隊員　78-80
気球　29,30
気球入江　66
気象観測　109
寄生虫　30
気絶　188
北村泰一　60
規定食　202
記念ケルン、記念十字架　43-45,74,75,171-173
キャタピラー　161
キャンベル（ヴィクター)、キャンベル隊　66,211
救援船　9-18
極限状況　52
『極地』(日本極地研究振興会) 11,25,26,122
極地研究所（国立〜）30
極地隊　209
極地探検記の翻訳　110
極地探検記録　63
極地探検史　107
極点旅行　140
極点初到達（競争）47,51
極点班　171,190
極点旅行　36,187
記録づくり　56
記録文学　111

キング・エドワード（七世）ランド　140
キンジー（J.J.）204
グイン（S.）205,206
楠宏　11
鯨湾　33,66,103
クック（フレデリク）96,102
工夫　165
クライストチャーチ　81
倉持三郎　134
クリーン（トーマス）75,125,168
グリーンランド　93
クレバス　28,124,164,177,184,188
クロージア岬　12
計画　138
経験　217
決断　219
ケルン　39,43,171,172
牽引車　163
幻灯　30
ケンブリッジ大学　143
小出二郎　118
高原　149
講義、講座　30,54
皇帝ペンギン →エンペラーペンギン
コーナー野営地　164
ゴールズワージー（ジョン）214
国威宣揚　106
酷使　198-202
国立極地研究所　30,46
ココア　121
子供　90
コヘイン（パトリク）36,75
小松原哲郎　114
小屋（基地宿舎）33
小屋（ハット・ポイント）196,197
コルベク（ウィリアム）11,13,21-24
コロンビア岬　99

さ行

サー（準男爵）61
『サイラス。チャールズ・S・ライトの南極の日記と手記』38,73
サウス・ヴィクトリア・ランド　12,109
サッカー　54
差別 →階級社会
シーヴァー（G）169
自衛隊　192
使役動物　191-194
士官 →幹部隊員
志願、志願者、志願制　169,190,192,193
自虐的　195-197
時化（しけ）28
自然の力　22,23
死体　183-186
親しさ　152,153
実益　157
島田巽　81,83,86

清水幸雄　134-136
下氷河貯蔵所　178,183
シャックルトン（アーネスト）33,62,100,106,112,143,162
シャルコ（ジャン）161
十字架　43,75-80,186
銃声　151
重力　30
島田巽　81-86
ショー（バーナード）156
商船　11
食事・献立　193
白瀬隊、白瀬中尉、白瀬矗（のぶ）、『白瀬中尉探検記』64,104,143
城岩　80
神経質　218
シンプソン（ジョージ）30,109
『人物20世紀』106
人物評　213-219
信頼関係　217
水兵→普通隊員
スキー（靴）177,183,187,189
杉原美那子　54
スケッチブック　37
スケルトン（レジナルド）25
スケルトン（ジューディ）25
スコット（ロバート）41-61 100,110,203-219
　日記（帳）27-58,110-112,158,162-166,176-182,187-189,203-211
　第一次探検（ディスカヴァリー号）9-23,92,143
　第二次探検（テラ・ノヴァ号）100-106
記念基金　108
スコット（ピーター）206,209
スコット極地研究所　25
『スコット大佐』（グイン著）205
『スコット隊長の救出』（ドン・オールドリジ著）24
『スコットとアムンセン』（ハントフォード著）55
『スコット南極探検日誌』（中田訳）27,45-55,187
『スコットの最後の探検』（原著）27,51,58,103,193,205
スコットの像　81-86
スコットの母、義兄　204
スコットの船→ディスカヴァリー号、テラ・ノヴァ号 93,94
スコット夫人　81,205
スパイア（E）204
図版　119,123
スミス（レジナルド）夫妻 204
正義の観念　218
成功　219
精神　218
西部山岳地域　109
『世界最悪の旅』（チェリー‐ギャラード著）51,58,73,81,

104,110,118,152,154,164,169,171,199-201
世界野性生物基金　48
雪上車　160-165
船上隊　193
創意工夫　160
創作　189
想像（力）　133,218
捜索（隊）106,107
そり、そり用具、そり引き　104,124,140,176,214-216
そり犬 →犬

た行

ダーウィン山　146
ダール（ヨーン）115
第一次世界大戦　192
大聖堂　39
堆石　43
タイタス →オーツ
第二次世界大戦　192
竹ざお　43
棚氷（たなごおり）12,13
WWF　48
食べ物　169
タリー（テッド）27
探検（探検家気質）106,143
『探検家としてのわが生涯』（アムンセン著）68
ダンディー　26,93
茶（お茶）215
チェリー - ギャラード（アプスリー）39,51,58,73,100,104,125,143,145,152-158,164,171,212-219
知識の増進、知識欲　141,145,158
地磁気　30
地質、地形（調査、標本）43
知的情熱　143
地文学　141
注記　125
徴兵制　192
貯蔵所（設置）183,196,211
地理マイル　57
デイ（バーナード）163
停滞（行進の）215
ディスカヴァリー号　9-26,87-93,142
『ディスカヴァリー号の航海』（スコット著）10,24,186,190
デーヴィス（船の大工）75
デーヴィド（エジワス）64
デーヴィド（メアリー）64
テーラー（グリフィス）34,109
手紙（スコットの）42
『テス』（トーマス・ハーディ著）214
テニスン（アルフレド）75
デベナム（フランク）75
テムズ河　87
テラ・ノヴァ号　10,13,25,70,108
『テラ・ノヴァ号南極探検日記』（ウィルソン著）138,182

『テラ・ノヴァ―二番目の男スコットの悲劇―』27
電気　30
テント（発見）38
テント島　13
電報（アムンセンからスコットへ）70,100
電話　36
ドゥアリー（ジェラルド）19-23
冬営（宿舎）195 →小屋
冬至祭　28
凍傷　35,177,183,187,193
「同朋へのメッセージ」（スコット）86
踏破　54,56,143
動力ソリ　160
『凍裂』（鎌田純一著）168
独裁者　218
読書　55,157,214
徳目（英国紳士の）37
鳥（南極の空を飛ぶ鳥）30
ドルフィンプレス　46,59,111,240
ドン・オールドリジ　24

な行

中野不二男　64
中野好夫　121
ナショナリズム　106
謎　203,207
南極高原　140,149
南極書誌　24,48
南極大陸　100,133
『南極大陸』（ゴードン・ヘイズ著）60
『南極大陸、1772-1922』（マイケル・ロソーヴェ編著）146
『南極大陸の心臓』アーネスト・シャックルトン著 143
南極探検日記（スコット）27-56
『南極点』（アムンセン著）69,70,104,110,112-118,142
南極点初到達　33,145
『南極の科学の歴史』（G.E.フォッグ著）143
『南極のスコット』（エルスペス・ハックスレー著）71,169
『南極のスコット』（中田著）11,66,130-136,161,191,203
南磁極　63,64
ナンセン（フリチョフ）95
日記（文学）110,141
日記、日記帳（スコットの）42,45-55,141,218
ニニス　184
日本紀行　30
日本極地研究振興会　26,122
日本の軍隊　191
日本の南極観測隊　53
ニュージーランド　28,35
ニュージーランド南極協会 24

『ニュージーランド・ヘラルド』（新聞）11
ニューファウンドランド　93
人間関係　152
人間記録　37,46
寝袋　183,189
ネルソン（エドワード）109,145,163
脳　177,188
ノース岬　109
のこぎり（作業、作業場）9,10
ノビー（ポニー）199
ノルウェー語　114-116
ノルウェー探検隊　45

は行

ハーディ（トーマス）214
バード岬　12
バーン（マイケル）16
爆破（氷の）9-14
白夜　72
馬そり　104
ハックスレー（E）71
バックレー山　146
初到達競争　102
ハット・ポイント（半島、小屋）9,13,20,22,23,75,108,186,196,197
服部精二　116
端綱（はづな）200
パノラマ図版　119,123
はみ　200
バリア（ロス・バリア）66,77,102,140,164,168,189
バリー（J.M.）204,205,214
バワーズの母　204
バワーズ（ヘンリー）41,44,172,177,,205,217
反スコット　24
ハントフォード（ローランド）55
ビアドモア氷河　43,104,146,187,217
ピアリー（ロバート）95-99
『ピーター・スコット』（ジュリア・コートニー著、乾侑美子訳）48
ピーターマン島　161
引き綱、引き具　187,189
飛行船　56
美徳　218
人引き　104
碑銘（スコットの像の）82-86
白夜→白夜（はくや）
氷縁（ひょうえん）13
氷河舌（ひょうがぜつ）13,14
氷丘脈（ひょうきゅうみゃく）178,183
平等（の思想）168
氷盤（ひょうばん）15,21
氷帽（ひょうぼう）140
ビル（ウィルソン）→ウィルソン
フーシュ　199
フォッグ（G.E.）143
福田陸太郎　111
藤井理行　30,50-53,146
『ふだん着の英国』（島田巽著）

81-86
普通隊員　167-169,187-194
浮氷　168
ブラウニング（ロバート）121
フラム号（～博物館）70,114,228
フランクリン隊　167
プリーストリー（レーモンド）66,69,108,145
ブリザード　36,51,54,105,215
『ブリザードの家庭』（モーソン著）185
ブリジマン（F.C.）204,205
プリムス（石油こんろの一種）151
塀（雪の）199
ヘイズ（ゴードン）60
兵卒 →普通隊員
別働隊（北部隊、キャンベル隊）→キャンベル
ペミカン　151,199
ペンギン　52
偏見　33
冒険　143
放射能　30
法定マイル　57-61
ボーモント（L）204
募金　36
北海道新聞　45-47
北極点　112,149
『北極点』（ピアリー著、中田訳）113
北極点初到達　95-99
北国新聞　54
北西航路　102
北部隊（キャンベル隊）66,211
ポニー →馬
本隊（スコット隊の）71
ポンティング（ハーバート）30,81-84

ま行

マーカム（クレメンツ）139-142
マーシャル（エリク・S）61
埋葬式　43
マイル　57-61
マカイ（ハリー）11,24
マカイ（アリステア）63
マクマードー海峡　9,12,20
マクマードー基地（アメリカ）72
マッキンリー山　96
マデイラ島　70
マルバユーカリ　75
見張り丘 →オブザヴェーション・ヒル
未来の展望（南極の）31
民主主義　168
無限軌道　161
名誉科学博士号　143
命令　152
メッセージ　219
メルツ　184
メルボルン　100

モーソン（ダグラス）、『モーソンの南極日記』61,147,184-186
モーニング号、『モーニング号の航海』（ジェラルド・ドゥアリー著）10,13,19-21
目的　145
モレーン（堆石）43

や、ら、わ行

野営　187,215
訳注　124
憂鬱　218
ユーモア　36,218
雪の橋　164
雪目　16
横山厚夫　81,107,178
横山民司　116
吉田栄夫　12,13,26,72-76
夜番　157
ライト（チャールズ）38,72-75,109
ラッシリー（ウィリアム）75,124,190
ラバ（班）38
リーダー　219
陸上隊（越冬隊）193
流氷（南極の）28
『両極』タイム・ライフ・ブックス　61
ロイズ（チャールズ）14,17,19,21
ロイズ岬　13
労働組合法　191
露岩地帯　146
ロス海　12
ロス島　9,12,140
ロス・バリア（参照バリア）66,102
ロソーヴェ（マイケル）24,48,55,146
ワイルド（フランク）61

〈著者紹介〉

中田 修（なかだ おさむ）

昭和４年（1929）石川県生まれ。東京教育大学文学部卒業（英語学・英米文学専攻）
静岡県立大学名誉教授、日本英文学会会員、日本極地研究振興会会員
著書 『南極のスコット』清水書院
訳書 『シドニ詩集』東京教学社
〃 『スコット 南極探検日誌』ドルフィンプレス
〃 『アムンセン 南極点』ドルフィンプレス、朝日新聞社
〃 『ピアリー 北極点』ドルフィンプレス
〃 『世界最悪の旅』オセアニア出版社

南極のスコット　雑記

2021年11月15日発行
定価 本体909円＋税

著　者　中田　修
発　行　ドルフィンプレスぬまづ
〒410-0822　沼津市下香貫林の下2009-2　中田方
TEL・FAX 055-931-4073
発行人　松原正明
制作・販売　羽衣出版
〒422-8034　静岡市駿河区高松3233
TEL 054-238-2061
FAX 054-237-9380

ISBN978-4-907118-68-6 C0023 ¥909E